채워가는 재미가 있는 영어크로스워드

조성환 엮음

조은문화사

머리말

우연한 기회에 영어크로스워드를 작업하게 되면서

영어학습에 관해 많은 것을 다시금 생각해보게 되었다. 이 시대에 영어라는 것이 세상을 살아가기 위한 필수요건이 되어버린 지금, 영어습득의 부담에서 벗어나, 영어향상에 도움을 주면서 재미있게 영어학습을 지속해나갈 수 있는 방법이 무엇일까 고민하던 시기에, 접하게 된 영어크로스워드는 이러한 목적에 부합되는 확실한 대안으로 생각된다.

영어크로스워드는 오래전부터 신문이나 잡지 등에 연재

영어크로스워드는 1913년 뉴욕에서 탄생한 이래 전 세계 독자들을 매료시키며, 변함없는 인기를 누려오고 있다. 무엇보다 영어퍼즐게임을 통해 미지의 세계를 탐험할 수 있고, 낯선 단어와의 예기치 못한 만남에서 오는 긴장감은 두뇌를 자극하여, 집중력을 유지시켜주는 동시에, 시험위주의 영어교육현실에서 잠시나마 벗어나, 영어 자체의 매력에 빠져들 수 있게 해주는 방식이 될 수 있기 때문이다.

영어크로스워드는 하나의 퍼즐박스를 형성

영어크로스워드는 서로 연관 될 수 없을 것만 같은 낱말들이 자연스럽게 이어져 하나의 퍼즐박스를 형성하고, 여기서 서로 다른 문화와 분야를 다양한 방식으로 바라볼 수 있는 마음의 눈을 열어주게 된다.

여기 한권의 책이 여러분들 앞에 놓여있다. 어떤 단어들은 속담이나 예문으로 다가가게 될 것이고, 어떤 단어들은 상식이나 교양이 되어 여러분들에게 다가가게 될 것이다. 분명하게 말씀드릴 수 있는 것은 각각의 단어들을 설명하는 데 있어, 가장 큰 기준으로 삼은 것은, 크로스워드를 풀기위해 영어사전이나 상식서적 같은 다른 책의 도움이 필요하지 않을 정도의 내용을 담기위해 노력했다는 것이고, 아마도 그것은, 내가 여러분들이 문제를 해결하는 과정에서 해줄 수 있는 마지막배려가 될 것이다.

퍼즐박스에 아무것도 씌어있지 않다고 고민할 것은 없다. 어차피 시작은 여러분들이 아는 단어부터 시작하면 되는 것이고, 한 단어한단어 가로열쇠와 세로열쇠에 의존하여 미지의 공간을 채워가다 보면, 더 이상 영어가 부담의 대상이 아닌, 나만의 지적인 게임이자 부담 없는 놀이기 될 것이다.

2006. 8 조성환

CROSSWORD | 01

cross

1 __ love is like a resting place. (사랑은 아마도 휴식처인 것 같아요)
7 미국광고주협회(Association of National Advertisers)의 약자이다.
8 매파 강경론자를 이르는 말로, 비둘기파(dove) 온건론 자와는 정면으로 대립하는 관계에 있다.
10 거문고자리의 직녀성과 독수리자리의 견우성(Altair)은 칠월칠석날 거리가 가까워지게 된다.
12 I'm going to call a __. (택시를 부르려고 합니다)
13 Effective Microorganisms(유용 미생물 균)의 약자이다.
14 No pain no __. (고통이 없으면 얻는 것도 없다)
16 I'm not feeling __ today. (오늘은 내 정신이 아니야)
19 1958년 영국에서 포드재단조로 설립한 국제전략연구기관이다.
21 연예계나 정계 등에서의 신인으로 성형수술을 한 얼굴이라는 의미도 담고 있다. (두 단어)
22 Don't give a sword __ a child. 아이에게 칼을 주지마라.

Down

1 hit the __ (…에서 쫓겨나다, 해고되다; 보도(步道)로 나서는 모습에서)
2 A false friend is worse than an open __. (거짓된 친구가 공연한 적보다 나쁘다)
3 It's a __s to riches story. (개천에서 용 났다; 가난뱅이에서 부자가 된 이야기라는 의미에서)
4 __, I see! (아, 알겠어요!)
5 APEC은 Asia-__ Economic Cooperation(아시아태평양경제협력기구)의 약자이다.
6 예술가의 마지막 작품 또는 최후의 역작을 가리켜 비유적으로 __ song(백조의 노래)라고 한다.
9 kilobyte의 약자로, 컴퓨터의 기억용량을 나타내는 단위이다.
11 She is wise for her __. (그녀는 나이에 비해서 현명하다)
15 He goes by the __ of …. (그는 …라는 가명으로 통한다)
17 saw, sawed, __ (톱질하다)
18 You look the same __ ever. (너는 이전과 같구나(여전하구나))
20 Please __ cell phones to vibrate or turn off. (핸드폰을 진동으로 맞추거나 꺼주십시오)

No. 80

C	O	M	M	O	N		A
O	B	E	Y		O	L	D
M	E	D	A	L		A	D
B		S		N	U	M	B
A	E		M	A	D		A
T		I	A	N		A	N
		B	I	R	D		P
B	A		A	S	I	A	

CROSSWORD | 02

cross

1 Once a use, __ a custom. (바늘 도둑이 소도둑 된다)
6 NIMBY주의란 "not __ my backyard"라는 지역이기주의이다.
7 Easy come, easy __. (쉽게 얻은 것은 쉽게 없어진다)
8 명사, 형용사 뒤에 붙어 "…하게 하다"라는 동사를 만든다.
10 We __ died of laughing. (우리는 웃겨서 거의 죽을 뻔했다)
13 I thought __ were dead. (나는 우리가 죽는 줄 알았어요)
14 I told you not to put your __ in. (나는 네게 참견 말라고 말했다)
16 Don't be __d over a small success. (…으로 우쭐대지마라)
19 상어가 바다밑바닥에서 살면서 변형된 물고기라 한다. (가오리)
20 He gave her a __. (그는 그녀에게 추파를 던졌다)
22 Electronic Commerce(전자상거래)의 약자이다.
23 해부학에서 뼈를 지칭하는 용어.
24 Missouri(미주리)주의 약자이다.
25 I got the third __ from …. (…에게서 심한 추궁을 받았다)

Down

1 He was __ as a suspect. (그는 용의자로 지목되었다; 손가락으로)

2 He's got a __-track mind. (그는 융통성이 없다; (철도) 단선인)

3 백로속의 종들을 일컫는 말로, 번식기에 발달하는 장식깃털을 지칭하는 이름이기도하다.

4 volume의 약자이다.

__. 5 No. 3 (제 5권 제 3호)

5 reply(회답, 답신)의 약자이다.

9 I'm neither tall __ short. (나는 키가 크지도 작지도 않다)

11 The fish that got __. (놓친 물고기(가 더 크다); 전치사)

12 __-heave ho (어기여차; 닻을 감아올리면서 내는 소리)

15 에헴!, 에에! (주의의 환기, 의심 등을 나타낼 때 내는 소리이다)

17 Can you help me __ up my shoes? (신발 끈을 묶는 것 좀 도와주실래요?)

18 Do it or __! (그것을 해라, 그렇지 않으면 (알지)!)

21 It rained for 3 days in a __. (연달아 3일 동안 비가 왔다)

23 We'll go, rain __ shine. (우리는 비가 오든 해가 나든 갈 것이다; 무슨 일이 있더라도)

No. 01

P	E	R	H	A	P	S	
A	N	A		H	A	W	K
V	E	G	A		C	A	B
E	M		G	A	I	N	
M	Y	S	E	L	F		A
F		A		I		S	S
N	E	W	F	A	C	E	
T		N		S		T	O

CROSSWORD | 03

Across

1 가루처럼 포슬포슬 잘게 내리는 가랑눈을 의미한다. (두 단어)

8 실명으로 거론하기 껄끄러운 대상을 익명으로 처리하여 부르는 일종의 대명사가 되어버렸다.

9 미국의 수도인 워싱턴 __ 는 District of Columbia(컬럼비아 특별 구)의 약자로도 불려진다.

11 He smokes like a __. (그는 굴뚝처럼 뿜어댄다; 골초다)

12 I take my __ off to you. (당신에게 경의를 표합니다; 상대에게 자신의 모자를 벗는 모습에서)

13 We'll go rain __ shine. (우리는 비가 오든 해가 나든 갈 것이다; 무슨 일이 있더라도)

14 gross registered tonnage(총등록톤수)의 약자이다.

17 광도가 보통 때의 수천에서 수만 배 이상까지 일시적으로 증가하며 폭발하는 별이다. (신성)

18 New Year's __ (섣달그믐날)

20 이분의 트레이드마크인 빨간 옷과 흰 수염은 바로 코카콜라의 로고 색상과 신선한 거품을 상징적으로 표현한 것이라고도 한다.

Down

1 소나무과의 나무로 서양에선 주로 크리스마스트리로 사용된다. (전나무)
2 It rained for 3 days __ a row. (내리 3일 동안 비가 왔다)
3 one-__ stand (하루 밤의 정사)
4 Environment Technology(환경기술의 약자로, 환경오염을 저감하고 예방하는 청정기술이다)
5 __ down! (침착해라; 끓는 것이 잦아들듯 식어가는 모습에서)
6 소금과도 관계있는 원소기호이다.
7 The __, the wiser. (나이가 들수록, 지혜로워진다)
10 Container Yard의 약자로, 흔히 보세장치장을 이르는 말이다.
11 A Christmas __은 유명한 영국 작가 찰스다킨스의 중편소설이다.
12 honorable은, 각료 또는 의원 등의 인명 앞에 붙여 쓰는 경칭이다.
14 I passed __ in the car. (나는 차안에서 방귀를 꼈다)
15 __ to one he'll be late again. (십중팔구 그는 또 늦을 거다)
16 He is not my cup of __. (그는 나의 취향이 아니다)
19 Vermont(버몬트)주의 약자로, green mountain이라는 뜻의 프랑스어에서 유래하였다.

No. 02

CROSSWORD 04

Across

1 When does the wedding __ start? (결혼식은 언제 시작하죠?)
8 Go __ with your story. (하던 이야기를 계속해라; 전치사)
9 __ to the diagram above. (위에 있는 도표를 참조하라)
10 소, 양, 염소 등의 젖통이다.
12 스페인과 포르투갈을 포함하는 이베리아 반도는 스페인 동부를 흐르는 이 강의 옛 이름에서 유래한다고…
15 We went to the __ to pray. (우리는 불공을 드리러 절에 갔다)
16 __-man (윗사람의 말에 그저 예예 하는 사람) ↔ no-man
18 bury one's head in the __ (모래 속에 머리를 파묻다; 문제나 책임등을 회피하다)
21 Don't talk such __! (허튼소리 작작해라; 썩음, 부패)
22 super deformation의 약자로, 머리를 크게 하고 몸을 작게 하여 2등신이나 3등신으로 왜곡하여 표현하는 일본에서 유래한 인물희화법의 일종이다.
23 European Union(유럽연합)의 약자이다.

own

1 영국에서 백작은 earl이라고 부른다. 그렇다면 백작부인은?

2 The __ justifies the means. (목적은 수단을 정당화시킨다)

3 Able was I __ I saw Elba. (엘바 섬을 보기 전까지 나에겐 힘이 있었다. - 나폴레옹)

4 He's not stupid, __ ignorant. (그는 어리석은 것이 아니라 단지 무지했을 뿐이다)

5 How kind __ you to say so. (그렇게 말씀해 주시다니 당신은 정말 친절하시군요)

6 I'm __-sighted. (나는 근시다)

7 week의 약자는 wk, month의 약자는 mo, year의 약자는?

11 She is a __ for work. (그녀는 일에 있어서는 귀신이다)

13 I have a __-belly. (나는 술배가 나왔다; 똥배가 나왔다)

14 Old Boy(졸업생, 동창생)의 약자.

17 After a thrifty father, a prodigal __. (검소한 아버지 뒤에 방탕한 자식이 생긴다)

19 help wanted __ 구인광고
↔ job wanted __ 구직광고

20 분리, 제거 감소, 반대 등의 의미를 나타내는 접두사이다.

No. 03

memo.

F	I	N	E	S	N	O	W
I	N	I	T	I	A	L	
R		G		M		D	C
	C	H	I	M	N	E	Y
H	A	T		E		R	
O	R		G	R	T		T
N	O	V	A		E	V	E
L			S	A	N	T	A

11

CROSSWORD | 05

cross

1 __ checks, please. (따로 계산해 주세요; 계산서를 나누는 모습에서)
7 Whew, that was a __ call! (휴, 큰일 날 뻔했네; 십년감수)
8 the __es of the law (법망)
10 I've never __ better. (잘 먹었습니다; 더 잘먹어 본적이 없는)
12 You mean everything __ me. (당신은 나에게 모든 것입니다)
13 Whom the gods love, __ young. (신이 사랑하는 사람은(선한 사람은) 일찍 죽는다)
14 한 개의 복숭아에는 붙지 않고 한 개의 사과에는 붙는다.
15 Still waters __ deep. (고요한 물은 깊이 흐른다; 현자과언)
17 Erectile Dysfunction(발기부전)의 약자이다.
18 That's life = C'est __ vie. (그런 것이 인생이다)
20 Who's __ring in the film? (누가 주연으로 나왔나요?)
22 I'm just a little on __. (나는 그냥 조금 불안해요)
23 골프시합은 이곳에 공을 올려놓고 치는 것으로 시작된다.

Down

1 My __ is pretty tight. (저의 일정은 매우 빡빡해요)
2 elevated railway(고가철도)
3 Will you send up a __ for my baggage? (짐을 들어줄 짐꾼 한명 올려 보내주시겠어요)
4 It's not __ bad __ it seems. (보기만큼 그렇게 나쁘진 않아요)
5 one's __ existence (여생)
  a__ sale(재고정리세일)
6 You're __ing my patience. (나의 인내심을 시험하고 있구나)
9 __ on a minute, please. (잠시만 기다려주십시오; 전화에서)
11 Artificial Intelligence(인공지능)의 약자이다.
16 It is no __ crying over split milk. (쏟아진 우유를 두고 울어봐야 소용없다; 엎질러진 물이다)
17 Able was I __ I saw Elba. (엘바 섬을 보기 전까지 나에겐 힘이 있었다. - 나폴레옹)
19 Anno Domini의 약자로, 그리스도 기원 즉 서력을 의미한다.
21 He is quick [slow] __ learning. (그는 배우는데 있어 빠르다 [느리다])

No. 04

C	E	R	E	M	O	N	Y
O	N		R	E	F	E	R
U	D	D	E	R		A	
N		E		E	B	R	O
T	E	M	P	L	E		B
E		O		Y	C	S	
S	A	N	D		R	O	T
S	D		E	U		N	

CROSSWORD 06

Across

1 I'm the new __ here. (저는 이곳에 신입사원입니다)

6 Don't try to __ it both ways! (양쪽으로 놀아나지 마라!; 양다리 걸치지 마라!)

8 Be careful with that __. (그 화병을 조심해서 다루어라)

9 a white __ 악의 없는 거짓말
 a black __ 악의 있는 거짓말

11 단음계의 첫 번째 음이다.

12 ivy __ (아이비리그)는 미국 동부의 8개의 명문사립대학들로 구성된 미식축구리그의 명칭에서 대학자체를 가리키는 일반용어가 되었다.

15 Put the coin in the __. (동전을 구멍에 투입해라)

16 plural(복수)의 약자이다.
↔ singular(sing; 단수)

17 Internet Protocol의 약자로, 인터넷에 연결된 컴퓨터에 주어지는 고유 식별번호이다.

18 After pain comes __. (고생 끝에 낙이 온다; 고진감래)

19 I'm a little __ these days. (나는 요즈음 돈이 부족하다)

own

1 They were friendly __s. (그들은 우호적인 경쟁 상대였다)

2 It was a __ meeting. (그것은 우연한 만남이었다; 뜻밖의)

3 Life is full of __s and downs. (인생은 오르막과 내리막으로 (굴곡으로) 가득 차있다)

4 __ [Bad] news travels fast. (나쁜 소식은 빨리 퍼진다)

5 run away with one's __ between one's legs (꼬리를 내리고 도망치다; 개에 비유하여)

7 My __ salary is in five digits. (내 연봉은 5자리 숫자이다)

10 I'm stuck in a __. (나는 판에 박힌 생활을 하고 있다)

13 extrasensory perception(초감각적 지각능력)의 약자이다.

14 물 같은 성격의 폴 고갱과 불같은 성격의 Vincent van __ 는 우리에게 항상 함께 기억된다.

16 The __ calls the kettle black. (솥이 주전자보고 검다한다; 똥 묻은 개가 겨 묻은 개 나무란다)

17 The sun rises __ the east and sets __ the west. (전치사)

18 junior(연소자, 하급자)의 약자 ↔ senior(연장자, 상급자)

No. 05

S	E	P	A	R	A	T	E
C	L	O	S	E		E	
H		R		M	E	S	H
E	A	T	E	N		T	O
D	I	E		A	N		L
U		R	U	N		ㄷ	D
L	A		S	T	A	R	
E	D	G	E		T	E	E

CROSSWORD | 07

1	2	3		4		5	6

Across

1 __ lineup(스타팅라인업)이란 경기 전에 교환하는 선발선수 명단이다.

7 __ that I know of. (제가 알고 있기로는 그렇지 않습니다)

8 Old English의 약자로, 450에서 1150년대 까지의 고대영어이다.

9 Lunch is __ me. (점심은 내게 맡겨; 점심은 내가 살게)

10 하와이어로 사랑, 안녕이란…

12 We have __ meetings. (우리는 매주 모임을 갖는다)

14 Diffusion Index(경기 동향지수)

15 Stock Exchange(증권거래소)의 약자로, NY __ 가 유명하다.

17 help wanted __ 구인광고
↔ job wanted __ 구직광고

19 He has good __ Skills. (그는 좋은 운동신경을 가지고 있다)

21 A wolf in a __'s skin. (양의 탈을 쓴 늑대; 위선자)

22 국명에 이것이나 an을 붙이면 사람이나 언어를 뜻하게 된다.

23 형용사나 명사에 붙여, 형용사나 부사를 만드는 접미사이다.

24 I told you not to put your __ in. (나는 네게 참견 말라고 말했다)

own

1 We had a heavy __ last week. (지난주 폭설이 내렸다)

2 I'm __ deaf. = I can't carry a tune. (나는 음치이다)

3 __ length (마침내; 상세히)
  __ length the bus arrived.
  He explained it __ length.

4 That's a __ tale [story]. (그것은 믿기 어려운 이야기로군요)

5 무용과 연극이 결합된 일본의 전통적인 공연예술이다.

6 We must shift into high __. (우리는 속도를 내야만 한다; 기어를 고속으로 바꿔 넣는 모습에서)

10 Stand with your arms __. (양손을 허리에 대고 서있어라)

11 He is an __ of a man. (그는 과묵한 사람이다; 굴처럼 입을 다문)

13 Endocrine Disrupters(내분비교란물질; 환경호르몬)의 약자이다.

16 그리스신화에서 새벽의 여신으로, 로마신화에선 Aurora이다.

18 Let's call it a __. (그만하고 가자; 이쯤에서 끝마치자)

20 Let's cut through the __ tape. (형식적인 절차는 생략하자)

No. 06

CROSSWORD | 08

cross

1 하와이州에서 시작되어 1956년 오스트레일리아 토케이 해안에서 제1회 국제 카니발이 열렸다.

7 __ in a million years! (죽었다 깨도 그런 일은 없다; 백만 년이 지나가도 일어날 수 없다)

8 How high did you __ ? (목표를 얼마나 높이 잡았나요?)

9 Wild flowers __med the little pond.

10 basal metabolic rate(기초대사율)의 약자이다.

11 Little strokes fell great __s. (열 번 찍어 안 넘어가는 나무 없다)

13 Eastern daylight time(미국동부일광절약시간)의 약자이다.

14 __ A to B (A를 B에 부가, 합병하다; (명사) 부속건물, 부속서류)

16 현금자동입출금기(Automated __ Machine의 약자는 ATM이다.

19 Who is the __ actress? (주연여배우는 누구죠?)

20 To teach a fish how to __. (번데기 앞에서 주름잡는다)

own

2 __ is [gives] strength. (단결이 힘이다)

3 캐나다에 가을빛낭만 Maple Road가 있다면, 독일에는 그 이름도 낭만적인 __ Road가 있다.

4 __SE(Financial Times Stock Exchange)지수는 전 세계를 대상으로 투자하는 유럽계 펀드들의 투자기준으로 사용된다.

5 We're on a first __ basis. (우리는 이름으로 부르는 사이이다; 허물없이 지내는 사이이다)

6 여자용 속옷으로 허리부분의 체형을 보정해주는 기능성의류이다.

12 I think he is __ on you. (나는 그가 너에게 열심이라 생각한다; 너를 좋아한다 생각한다)

14 You twisted my __. (네가 억지로 시켰잖아; 팔을 비트는 모습에서)

15 extra large의 약자이다.
cf) XS(extra small), S(small), M(medium), L(large) …

17 Hard cases make good __. (엄정함이 좋은 법을 만든다)

18 선원의 술이라고도 불려지며 사탕수수의 즙을 발효하여 증류시켜 만든 술이다.

No. 07

S	T	A	R	T	I	N	G
N	O	T		A		O	E
O	N		A	L	O	H	A
W	E	E	K	L	Y		R
F		D	I		S	E	
A	D		M	O	T	O	R
L	A	M	B		E	S	E
L	Y		O	A	R		D

CROSSWORD | 09

Across

1 요즘에 이곳의 1위곡은 단지 많이 팔린 음반이상의 의미를 지니고 있지는 않은 것 같다. (두 단어)

8 All the critics __d over his debut album. (모든 비평가들이 그의 데뷔앨범에 열광했다)

9 CAD/__ 이란 컴퓨터를 이용한 설계 및 생산을 의미한다.

10 Tangible Interface의 약자로, 인간과 가상공간의 유기적인 연결을 돕는 실감 및 인식기술이다.

12 Plaintiff __ Defendant (원고 대 피고; versus의 약자)

13 data(지식, 정보)의 단수형이다.

15 repurchase agreement(환매조건부채권)의 약자이다.

16 You hit the __ on the head. (정곡을 찌르는 군요)

18 Chief of Naval Operations(해군참모총장)의 약자이다.

19 How does the spelling __? (철자가 어떻게 가나요(되나요)?)

20 Amnesty International(국제사면위원회)의 약자이다.

21 A __ guest is never welcome. (오래 묵은 손님은 환영받지 못한다)

own

1 We're a match made in __. (우리는 천생연분이다)

2 A stitch __ time saves nine. (제때에 바늘 한 땀이 아홉 땀을 던다)

3 Total Traffic Control(열차운행종합제어장치)의 약자로 도시철도의 안전운행을 위한 핵심 시스템이다.

4 아프리카 중북부에 있는 나라로, 1960년 프랑스로부터 __공화국이라는 이름으로 독립하였다.

5 To err is __, to forgive is divine. (잘못은 사람의 일이요, 용서는 신의 일이다)

6 Think of it __ a gift to charity. (그건 적선한 셈 쳐라; 전치사)

7 Time is flying, never to __. (흘러간 시간은 돌아오지 않는다)

11 It is an __ from Korea. (그것은 한국에서 수입된 겁니다)

14 Melvin Jones에 의해 창설된 __s club은 실업가를 중심으로 한 국제적인 사회봉사단체이다.

17 I started not too long __. (시작한지 얼마 되지 않았어요)

18 미국중앙정보국의 약자로, 대통령 직속 국가정보기관이다.

20 Wink __ small faults. (작은 실수는 눈감아 주라; 전치사)

No. 08

S	U	R	F	I	N	G	
	N	O	T		A	I	M
R	I	M		B	M	R	
	O	A	K		E	D	T
A	N	N	E	X		L	
R		T	E	L	L	E	R
M	A	I	N		A		U
S		C		S	W	I	M

CROSSWORD | 10

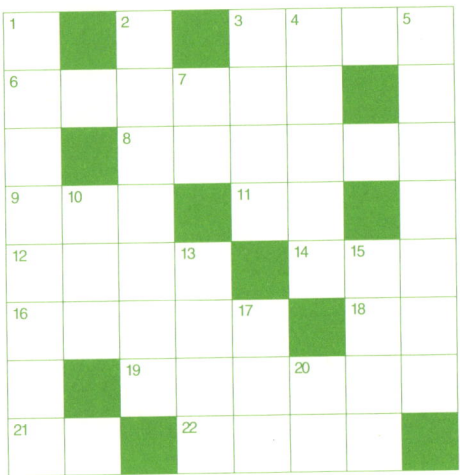

cross

3 we are on the same __ - length. (우리는 마음이 통해요)
6 베 짜는 되새류로, 이들은 지붕있는 둥지를 만드는 것으로 유명하다.
8 독일의 기계기술자 루돌프 디젤은 1894년에 경유를 연료로 사용하는 __엔진을 발명하게 된다.
9 환경, 생태라는 뜻의 결합사이다.
11 Diffusion Index(경기 동향지수)의 약자이다.
12 tonnage의 약자로, 선박등의 용적톤수를 의미한다.
14 The long journey __ped our energy. (오랜 여행은 우리의 진을 빼놓았다; 수액을 짜내듯)
16 월급만 수입이라 생각한다면 이것은 순식간에 없어지고 만다.
18 A disease known __ half cured. (아는 병은 반은 치료된 것)
19 전류의 세기를 나타내는 단위로, 프랑스의 물리학자 A. M. 앙페르의 업적을 기려서 명명되었다.
21 yard(야드)의 약자로, 1yard = 3ft = 36inch이다.
22 I slept like a __. (나는 푹 잘 잤다; 아기처럼 세상모르고)

Down

1 지중해연안이 원산지로, 사랑의 화살을 맞은 아폴론의 끈질긴 구애를 피해 다프네가 변해갔다는 나무의 이름이다. (월계수)

2 이탈리아어로 귀부인에 대한 존칭이었으나, 예수 그리스도의 어머니 마리아의 칭호로 쓰인다.

3 Ill __s grow fast. (미운 놈이 활개 친다; 빠르게 자라나는 잡초의 속성에서 나온 표현이다)

4 (음악) __ (상박, 약박) ↔ thesis (하박, 강박)

5 어떤 천체가 다른 천체의 그늘 뒤에 들어가 가려지는 현상이다.

7 verb intransitive(자동사)의 약자이다. ↔ verb transitive(타동사)

10 bill and __ (연인들이 애무하며 속삭이다; 비둘기가 부리를 비벼대며 정답게 울어대는 모습에서)

13 My leg is asleep. = My leg is __. (다리가 저리다)

15 It seems a bit __-fairy to me. (그것은 내게 공상처럼 느껴진다)

17 벨기에 동부에 있는 유명한 온천 휴양도시 이름에서 유래했다.

20 exchangeable bonds(교환사채)의 약자이다.

No. 09

H	I	T	C	H	A	R	T
E	N	T	H	U	S	E	
A		C	A	M		T	I
V	S		D	A	T	U	M
E		L		N		R	P
N	A	I	L		C	N	O
	G	O		A	I		R
C	O	N	S	T	A	N	T

CROSSWORD | 11

Across

1 Only his son survived the __. (…만이 대량학살에서 살아남았다)
9 문제를 풀고 있는 바로 당신이다.
10 Good luck on [with] your __ [exam]! (시험 잘 봐!)
11 It's the same __ usual. (평상시와 같죠; 늘 그렇죠)
13 Environment Technology(환경공학기술)의 약자이다.
14 Alcoholics Anonymous(알코올중독방지회)의 약자이다.
15 The typhoon hit the __ parts. (태풍은 남부지역들을 강타했다)
16 southwest(남서쪽)의 약자이다.
17 physical education(체육수업)의 약자이다.
18 Metric ton(미터톤)의 약자이다.
19 (종교상의) 축제; 영명 축일.
20 퀴리 부인은 이것을 발견하여 20세기 방사선시대를 열었지만, 자신은 방사선장애로 죽게 된다.
21 Account Executive(광고기획자)의 약자이다.
22 There's no one here __ that name. (이곳에 그런 이름을 가진 사람은 없습니다; 전치사)

own

1 보루네오 섬과 셀레베스 섬 사이에 있는 이곳 마카사르해협은, 2차대전당시 격전지 중 하나이다.

2 __ egg of __ hour. (한 시간 지난 달걀; 낳은 지 한 시간 지난 달걀이 가장 좋다는 의미에서 최상의 품질인 것을 의미한다)

3 supersonic transport(초음속)여객기의 약자이다.

4 시칠리아 원산으로 여러 가지 빛깔의 꽃들이 나비모양으로 피는데서 작별이라는 꽃말이 생겼다.

5 심미주의자; (자칭) 예술애호가

6 cathode-ray tube(음극선관; 브라운관)의 약자이다.

7 reply(회답, 답신)의 약자이다.

8 knight-__ (무술수련)

12 One man __s and another man reaps. (심는 사람 따로 있고, 수확하는 사람 따로 있다)

14 It'll cost you an __ and a leg. (그것은 엄청난 비용이 들거다; 팔과 다리만큼 소중한 것을 요구하다)

No. 10

S		M		W	A	V	E
W	E	A	V	E	R		C
E		D	I	E	S	E	L
E	C	O		D	I		I
T	O	N	N		S	A	P
B	O	N	U	S		I	S
A		A	M	P	E	R	E
Y	D		B	A	B	Y	

CROSSWORD 12

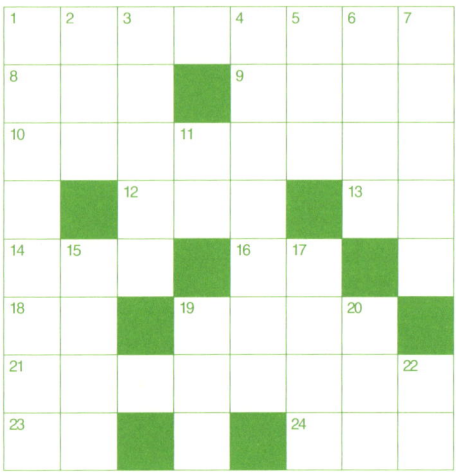

cross

1 The __ meet took place last week. (운동회가 지난주에 열렸다)
8 이것들이 놓여있는 진열대 앞에서 아이들은 눈을 뗄 줄 모른다.
9 Better __ than never. (늦더라도 안하는 것보다는 낫다)
10 What's gotten into these __s? (십대들은 무슨 생각을 하지?)
12 Nuclear Detection System(핵폭발탐지시스템)의 약자이다.
13 Let __ make one thing clear. (한 가지는 분명히 합시다)
14 Jazz is not my cup of __. (재즈는 나의 취향이 아니다)
16 He was an ambassador __ the US. (그는 주미대사였다)
18 ultraviolet(자외선)의 약자이다.
19 It's only a __ dream. (그것은 헛된 꿈일 뿐이다; 아편쟁이의)
21 She __d her first album to her mother. (…에게 헌정했다)
23 명사 또는 형용사 앞에 붙어 "…되게 하다"라는 동사를 만든다.
24 In faith, he is a fine __. (정말, 그는 대단한 녀석이다)

own

1 take a hostile __ toward (…대해 적대적인 태도를 취하다)

2 He stubbed his __ on a rock. (그는 돌에 발가락을 채였다)

3 표범이나 치타 등이 잡은 것을 도둑질하는 것으로만 알려져 있지만 사냥도 무척 잘한다고 한다.

4 Knead well until it feels __. (탄력 있게 느껴질 때까지 잘 반죽해라)

5 Stardom comes with a price __. (스타덤은 가격표와 함께 온다; 스타는 유명세를 치르기 마련이다)

6 This is a very hot __. (이것은 매우 잘나가는 품목이다)

7 로마신화의 농업의 여신으로, 그리스신화에서는 Demeter이다.

11 North Dakota주의 약자이다.

15 __ Homer sometimes nods. (호머 같은 대시인도 종종 실수한다; 원숭이도 나무에서 떨어진다)

17 희망과 순결을 상징하는 10월의 탄생석이다.

19 It's just a __ in the sky. (그것은 그림의 떡일 뿐이에요)

20 estimated time of arrival(도착예정시각)의 약자이다.

22 Endocrine Disrupters(내분비교란물질; 환경호르몬)의 약자이다.

No. 11

CROSSWORD | 13

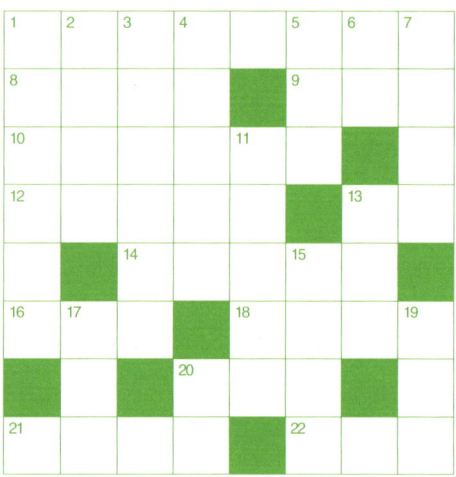

Across

1 He __d that he would resign his post. (사임할 거라고 공표했다)
8 계획 없이 사용하면 신용불량자로 낙인찍히기도 하는 것이다.
9 It's like a bolt __ of the blue! (청천병력 같은 일이군요!)
10 One man's meat is another man's __. (갑의 약은 을의 독이다)
12 The fuel __ is on the other side. (주유구는 반대쪽에 있다)
13 __-1S는 일명 코브라라 불려지는 중형공격헬기이다.
14 엄밀한 의미에서 보면 술은 __ alcohol 즉 에탄올(ethanol)이라 불려지는 화학물질이다.
16 My __s are burning. (귀가 화끈거리네요; 누가 내 이야기를 하는지 귀가 간지럽네요)
18 __ to say, hard to do. (말하기는 쉬우나 행하기는 어렵다)
20 To __ is human, to forgive is divine. (잘못은 인성, 용서는 신성)
21 I have gone through __. (나는 산전수전 다 겪었다; 지옥조차)
22 Right or __, it is a fact. (옳건 그르건, 그것은 사실이다)

own

1 She joined an __ club. (그녀는 산악회에 가입했다)

2 The store closes at __ on Saturdays. (그 가게는 토요일에는 정오에 문을 닫는다)

3 못 박는 사람; 열심인 사람

4 seasonal __ of tiredness. (계절의 변화에서 오는 피로증세)

5 It was a total __-event. (그것은 소문만 요란했다)

6 copper의 원소기호로 옛날 구리의 산지였던 키프로스 섬의 라틴명 cuprum에서 유래한다.

7 __-a-Sketch는 두개의 다이얼을 돌려서 그림을 그리고 흔들면 사라지는 추억의 장난감이다.

11 We are made for each __. (우리는 천생연분이다)

13 Amyotrophic Lateral Sclerosis (근위축성측삭경화증; 루게릭 병)

15 She is spinning a long __. (그녀는 장광설을 풀고있다)

17 __ Maria에서 __는 찬양한다는 뜻이고 Maria는 성모마리아이다.

19 My order hasn't come __. (주문요리가 아직 나오지 않았다)

20 Electro Luminescence(형광체의 전자발광)의 약자이다.

No. 12

CROSSWORD | 14

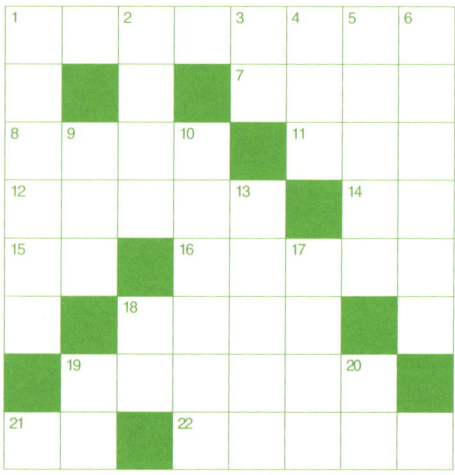

Across

1 귓전에서 윙윙대는 반갑잖은 손님에 여름밤은 길기만 합니다.

7 It __ped my mind. (깜빡 잊었어요; 마음을 놓치는 모습에서)

8 That's no big __. (그건 별일 아니에요; 그건 큰일 아니에요)

11 하와이에서 자생하는 꽃으로 만든 목걸이로 하와이의 상징이다.

12 golden __(황금비)는 정오각형의 한 변의 길이와 대각선의 길이의 비로 약 1 : 1.618이다.

14 고대이집트의 최고신(태양신)

15 Make __ two, please. (그거 두 개주세요; 같은 걸로 주세요)

16 We set off in __ of the gold. (우리는 금을 찾아 떠났다)

18 He amassed a slush __ of more than $900 million. (그는 9억 달러 이상의 비자금을 축적했다)

19 We __ed a confession from him. (그에게서 자백을 이끌어냈다)

21 convertible bond(전환사채)의 약자이다.

22 Nothing can __ me from doing so. (어떤 것도 내가 그렇게 하지 못하도록 막을 수 없다)

Down

1 투우와 정열의 나라 스페인의 수도인 이곳은 약 천년 전 아라비아사람들에 의해서 건설되었다.
2 Is this __ taken? (이 자리 비어있어요?; 이 자리 임자있어요?)
3 A table for __, please. (자리하나 부탁해요; 식당에 들어서며)
4 __ got, __ spent. (부정하게 얻은 돈은 얼마가지 못한다)
5 cut out unnecessary __ of bureaucracy (불필요한 관료계층들을 잘라내다(제거하다))
6 아편 제; 마취제; 진정제
9 __ your fill. = Have your fill. (실컷 먹어라; 충분한 양을 먹어라)
10 I'll put you on a __ diet. (당신에게 유동식단을 짜줄게요)
13 중량의 단위로, 기호는 oz이다.
17 기획을 세워 자료나 원고를 수집하고, 정리하여 구성하는 과정이다.
18 Florida(플로리다)주의 약자로, Sunshine State로도 불려진다.
19 exchangeable bond(교환사채)의 약자이다.
20 tellurium(텔루르)의 원소기호로, 지구를 뜻하는 라틴어 tellus를 따서 명명되었다.

No. 13

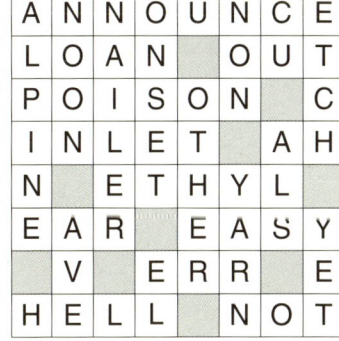

A	N	N	O	U	N	C	E
L	O	A	N		O	U	T
P	O	I	S	O	N		C
I	N	L	E	T		A	H
N		E	T	H	Y	L	
E	A	R		E	A	S	Y
	V		E	R	R		E
H	E	L	L		N	O	T

CROSSWORD | 15

Across

1 만 원권 지폐에는 세종대왕의 __이 그려져 있지만, 원래도안에는 석굴암본존불이 그려져 있었다.

8 Don't rest on your __s. (이미 얻은 성공에 안주하지마라)

9 나치의 박해 속에서도 희망을 잃지 않고 살아갔던 안네프랑크가 숨어서 일기를 썼던 장소이다.

11 I saw his face __. (나는 그의 얼굴이 굳어지는 것을 보았다)

14 Helen __는 보이지 않고 들리지 않고 말도 하지 못하는 삼중의 고통을 극복하고 사회복지를 위해서 자신의 생애를 바쳤다.

16 골프시합은 이곳에 공을 올려놓고 치는 것으로 시작된다.

17 Arkansas(아칸소)주의 약자로, 미국의 전임 대통령 Bill Clinton의 고향이기도 하다.

18 태양에서 6번째 행성으로 아름다운 고리와 수많은 위성들로 유명하다.

19 Network Attached Storage의 약자로, 네트워크에서 직접 연결이 가능한 스토리지와 데이터를 말한다.

own

1 스스로의 운동능력이 전혀 없거나 매우 약하여 수중에서 부유하며 살아가는 생물군집을 말한다.

2 sow one's wild __s (방탕한 생활을 즐기다; 야생귀리처럼 자신의 씨앗을 여기저기 뿌리는 모습에서)

3 He was a __ murderer. (그는 무자비한 살인자였다)

4 Learn by __ and error. (시행착오를 겪으며 배워 나가라)

5 A cup of tea will __ you. (차 한 잔이 당신을 기운 나게 해줄 거다)

6 American League의 약자이다.

7 A word is enough __ the wise. (현자에겐 한마디면 족하다)

10 rupee(루피)의 약자로, 인도, 파키스탄, 스리랑카의 화폐단위이다.

12 __ Jekyll and Mr. Hyde(지킬박사와 하이드씨)는 로버트 루이스 스티븐슨의 괴기소설이다.

13 북유럽신화에서 운명의 여신으로, 우르드(과거), 베르단디(현재), 스쿨드(미래)의 세자매이다.

15 "…하게 되는 사람"이라는 뜻의 명사를 만드는 접미사(suffix)이다.

17 __ is long, life is short. (예술은 길고 인생은 짧다; 본래는 예술이 아닌 의술을 의미한다)

No. 14

M	O	S	Q	U	I	T	O
A		E		S	L	I	P
D	E	A	L		L	E	I
R	A	T	I	O		R	A
I	T		Q	U	E	S	T
D		F	U	N	D		E
	E	L	I	C	I	T	
C	B		D	E	T	E	R

CROSSWORD 16

Across

1 Pretty woman, stop __. (귀여운 여인이여, 잠깐 멈춰 봐요)

8 housing __ 주택부족 (주택난)

10 Let's go __-hopping. (술집들을 전전하자; 1차, 2차 …)

11 Don't __ your feet. (발을 질질 끌지 마라; 꾸물대지 마라)

12 Everyone __ be quiet. (다른 모든 사람들은 조용해라)

14 New York(뉴욕)주의 약자로, The Empire State라고도 불려진다.

15 feel [look] __ (기분이 나쁘다 [나빠 보인다]; 씨가 많은 모습에서)

17 명사 또는 형용사 뒤에 붙어 "…하게 하다"라는 동사를 만든다.

19 아테네여신의 저주를 받아 머리카락이 뱀인 무서운 괴물로 변했고 그녀의 눈과 마주친 모든 생명체는 돌로 변한다고 한다.

21 ox의 복수형이다. (거세한 숫소)

23 Science, Technology and Society(과학기술과 사회)의 약자.

24 Poverty is no __. (가난은 죄가 아니다; 조금 불편할 뿐이다)

25 not __ generation (자신의 잘못을 남의 탓으로만 돌리려는 세대)

own

1 소리 없는 살인자로 불리는 석면은 대기 중에 누출되어 기관지염 및 석면폐증 등을 유발시킨다.

2 A __ is no more a fish than a horse is (a fish). (말이 물고기라고 하는 것보다 고래가 물고기라고 하는 것이 더욱 아니다; 말이 안된다)

3 Four __ of the apocalypse(묵시록의 4인의 기수)는 각기 질병, 전쟁, 기근, 죽음을 상징한다.

4 investor relations(투자자와의 관계관리; 투자자관리)의 약자이다.

5 limited의 약자로, 회사이름 뒤에 붙여 유한회사임을 나타낸다.

6 Are you __ing your keep? (밥값은 벌고 있니(하고 있니)?)

7 Don't pull my __. (내 다리를 끌지 마라; 나를 갖고 놀지 마라)

9 gay, gayer, __ (쾌활한)

13 아담과 이브는 금단의 열매를 따 먹은 죄로 이곳에서 쫓겨난다.

16 yard(야드)의 약자이다.
1yard = 3ft = 36inch이다.

18 미국의 비군사적 우주개발활동의 주체가 되는 정부기관이다.

20 Iron not __d soon rusts. (쓰지 않는 쇠는 금세 녹이슨다)

22 로마숫자 11에 해당된다.

No. 15

CROSSWORD 17

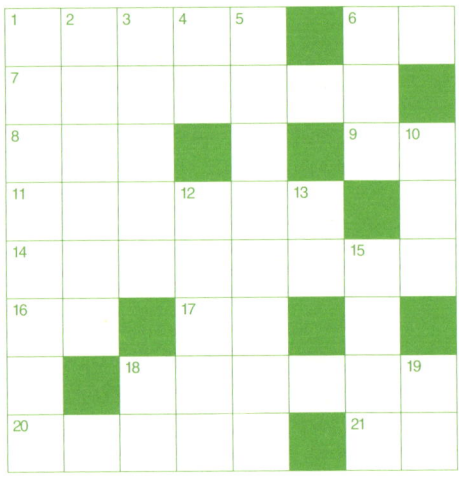

cross

1 The ear __s to sound. (귀는 소리에 반응한다; respond)

6 It's not __ bad __ it seems. (보기만큼 그렇게 나쁘지 않아요)

7 I have a __ things to do. (나는 할일이 많다; 백가지나 …)

8 축구와 탱고의 나라로, 남미의 영토대국이자 자원대국이다. (약자)

9 I bought it __ impulse. (나는 그것을 충동구매 했다; 전치사)

11 __ justice는 시나 소설속의 권선징악, 인과응보의 사상이다.

14 I got a __ in my finger. (나는 손에 가시가 박혔다)

16 자기장(磁氣場)의 세기의 단위인 에르스텟(oersted)의 약자이다.

17 Texas Instruments사의 약자로, Jack kilby는 이곳에서 세계최초의 IC 즉 집적회로를 개발한다.

18 Did you __ all right? (별일 없이 잘 지내셨어요?; 그럭저럭)

20 The night is still __. (밤이 아직 이르다; 아직 초저녁이다)

21 It's very kind __ you to say so. (그렇게 말씀해 주시다니 당신은 정말 친절하시군요; 전치사)

own

1 형식과 내용이 비교적 자유로운 환상곡풍의 기악곡으로 리스트의 헝가리 광시곡이 대표적이다.
2 지형적으로는 유라시아대륙의 커다란 반도에 불과하나, 아시아대륙과는 다른 특성을 갖는 지역이다.
3 Fools rush in where __s fear to tread. (바보들은 천사들도 발을 딛기 두려워하는 곳으로 돌진한다)
4 certificate of deposit(양도성정기예금증서)의 약자이다.
5 I'm a teacher in __. (저는 교생입니다; 훈련중인 교사)
6 make much __ about nothing (별것 아닌일로 법석을 피우다)
10 I can neither sing __ dance. (나는 노래도 춤도 못한다)
12 토성의 가장 큰 위성으로, 태양계에서 대기를 가진 유일한 위성이다.
13 computed tomography(컴퓨터 단층촬영)의 약자이다.
15 cogito, __ sum (나는 생각한다, 고로 존재한다. – 데카르트)
18 계산기에서 Markup의 약자로, 원가와 마진율에 기초해 판매가격과 이윤마진을 계산하는 기능이다.
19 현대차 __ 소나타는 Elegant Feeling의 머리글자를 딴것이다.

No. 16

A	W	H	I	L	E		L
S	H	O	R	T	A	G	E
B	A	R		D	R	A	G
E	L	S	E		N	Y	
S	E	E	D	Y		E	N
T		M	E	D	U	S	A
O	X	E	N		S	T	S
S	I	N		M	E		A

CROSSWORD | 18

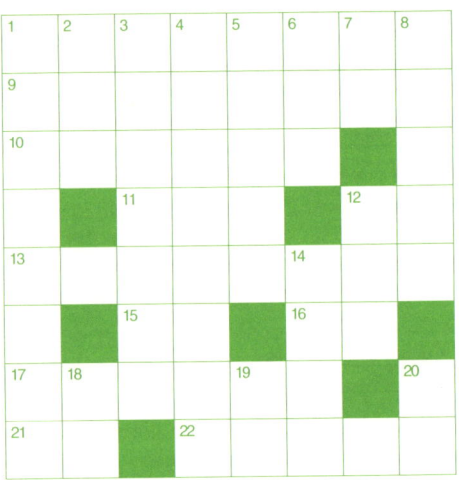

Across

1 사방을 실제로 전망하는 것과 같은 느낌을 주는 영상장치이다.

9 만화영화에서 원화 및 동화의 연출을 담당하는 사람을 말한다.

10 비열한 놈; 독설을 퍼붓는 비평가; 연극, 소설 등에서의 악역.

11 곡류를 발효 및 증류시켜 주정을 만들고 여기에 주니퍼 베리 등을 넣고 재차 증류하여 만든 술이다.

12 _, long time no see. (안녕, 오래간만이야; 서로 못 본지 오래되었군)

13 원유로부터 LPG, 가솔린, 석유, 경유 등을 증류한 잔유로서, 문자 그대로 중유(重油)를 말한다.

15 relay operator(중계유선방송사업자)의 약자이다. cf) SO(system operator; 종합유선방송사업자)

16 You haven't changed _ all. (너는 전혀 변하지 않았구나; 전치사)

17 6~11세기 비잔틴의 수도 콘스탄티노플(지금의 이스탄불)을 실제로 움직이던 시장 같은 직책이다.

21 Here's _ our friendship! (우리의 우정을 위하여 (건배)!)

22 _ one's authority (자신의 권력을 남용하다; 직권남용)

Down

1 책자형식으로 만들어진 상업적, 정치적 선전용인쇄물을 의미한다.
2 화학용어의 명사접미사로, 특히 메탄, 파라핀계의 탄화수소 명에 사용된다. cf) pent__ , prop__
3 미국과 캐나다의 국경지역에 위치하고 있는 거대한 폭포이다.
4 인간은 먹을 수 있는 것은 물론이고 도저히 먹을 수 없는 것까지 먹어대는 잡식성동물이다. (복수형)
5 We should save up for a __ day. (우리는 궂은 날에 대비하여 저축을 해야만 합니다)
6 I __ until my stomach was full. (나는 배가 부를 때까지 먹었다)
7 Missouri(미주리)주의 약자로, 주도는 Jefferson City이다.
8 도자기의 원료로 쓰여 지는 진흙을 통틀어 이르는 말이다.
12 You __ my sore spot. (저의 아픈 곳을 찌르시는군요)
14 하와이의 주도 호놀룰루가 있는 섬으로 세계적인 관광지이다.
18 이탈리아의 젖줄과 같은 강으로 우리나라의 한강에 해당된다.
19 convertible bond(전환사채)
20 __ had a heavy snow fall. (폭설이 내렸다; 인칭대명사)

No. 17

R	E	A	C	T		A	S
H	U	N	D	R	E	D	
A	R	G		A		O	N
P	O	E	T	I	C		O
S	P	L	I	N	T	E	R
O	E		T			R	
D		M	A	N	A	G	E
Y	O	U	N	G		O	F

CROSSWORD | 19

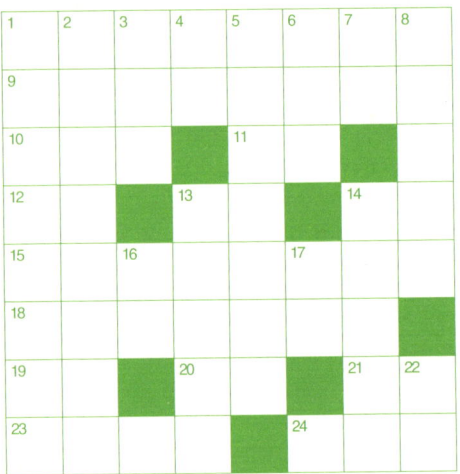

Across

1 This plan is very __. (이 계획은 매우 구체적입니다)

9 My car __ed again today. (내 차는 오늘 다시 과열되었다)

10 Winter is __ting in here. (이곳에는 겨울이 들어서고 있다)

11 Electro Luminescence(형광체의 전자발광)의 약자이다.

12 __ . Lee drinks like a fish. (이 선생님은 술을 많이 마신다; 술고래)

13 He is __ outcast in my class. (그는 우리반에서 왕따이다)

14 caller __ (발신번호확인서비스)

15 빛이나 열을 방사한다는 의미로, Starcraft에도 등장하는 대사이다.

18 18세기 초 마하라시트라에서 시작된 인도의 민속극이다.

19 Damn __. (제기랄; 대명사)

20 폐하 (수소이온농도의 기호)

21 Louisiana(루이지애나)주의 약자로, Pelican State라고도 불려진다.

23 I felt like two __s. (나는 부끄럽게 느껴졌다; 가치없는 존재로)

24 The New York Times의 약자로, 미국의 유력 일간지이다.

Down

1 미를 창조하기위해 사용되는 이것은 이제 여성만의 전유물이 아니라, 남성이 자신을 표현하기위한 수단으로 자리 잡게 되었다.

2 He has been vastly __d. (그는 너무 과대평가되어 왔다)

3 He catches the wind with a __. (그는 그물로 바람을 잡고 있다; 그는 뜬구름을 잡고 있다)

4 chromium(크롬)의 원소기호이다.

5 Rhine wine (라인 백포도주)

6 He is as slippery as an __. (그는 잘도 빠져나간다; 뱀장어)

7 thank you의 아기 말이다.

__ muchly. (정말 고맙습니다)

8 연주기법의 연마를 위해 작곡된 곡의 의미에서 미적인 요구와 기교적 문제를 극복하기위한 수준 높은 악곡을 의미하게 되었다.

13 It was __ed from a novel. (그것은 소설에서 각색되었다)

14 지중해의 중앙에 돌출한 장화모양의 반도 국가이다.

16 Amplitude modulation(진폭변조)의 약자이다. ↔ FM(주파수변조)

17 __ me! (아아, 어쩌면 좋을깨!)

22 He's an old hand __ this. (그는 이 방면에 잔뼈가 굵었다)

No. 18

P	A	N	O	R	A	M	A
A	N	I	M	A	T	O	R
M	E	A	N	I	E		G
P		G	I	N		H	I
H	E	A	V	Y	O	I	L
L		R	O		A	T	
E	P	A	R	C	H		W
T	O		A	B	U	S	E

CROSSWORD | 20

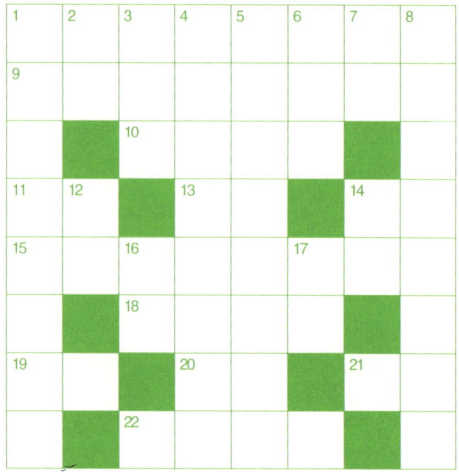

cross

1 __ love란 육체적 욕망에서 벗어난 정신적 사랑을 의미한다.
9 예배 때 사용하는 제의와 성구 등을 보관하는 교회 내부의 장소이다.
10 발아시킨 보리를 건조시켜 어린 뿌리를 제거한 것으로 맥주나 위스키 등의 양조에 이용된다.
11 living room(거실)의 약자이다.
13 verb phrase(동사구)의 약자.
14 aluminum(알루미늄)의 원소기호로, 전기분해제조법의 발명과 함께 오늘날 경합금시대의 기초가 되었다.
15 (액체에 불려) 부드럽게 하다; (단식, 걱정 따위로) 야위어지다
18 Helm __! (키를 내려!; 배를 급히 바람 불어가는 쪽으로 돌리라는)
19 Home is home, be it ever __ humble. (아무리 초라해도 내 집보다 좋은 곳은 없다)
20 einsteinium(아인슈타이늄)의 원소기호로, 핵폭발실험의 생성물에서 발견되어 과학자 A. 아인슈타인의 이름을 따서 명명되었다.
21 each(각기, 각각)의 약자이다.
22 __ major(큰곰자리)는 북두칠성을 포함하는 북쪽하늘의 별자리이다.

own

1 시편의 작가; the __ (다윗 왕)
2 미국에서 우리나라 사람들이 가장 많이 살고 있는 대도시이다.
3 Arab Common Market(아랍공동시장)의 약자이다.
4 Do you take __'s check? (여행자수표를 받습니까?)
5 건조된 기름원료를 증열하고 압착하여 기름을 짜는 기계이다.
6 Non-Stress Test(태아심음(心音)검사)의 약자이다.
7 __ could have been worse. (상황이 더 나빠질 수도 있었어요; 이만하기 다행이에요)
8 20세기 초에 주로 등장했던 지붕 없는 소형자동차를 의미한다.
12 real audio(실감오디오)의 약자.
14 I'm terrible __ directions. (저는 방향감이 없어요; 길치예요)
16 __TV는 고감도의 안테나로 수신한 양질의 방송을 동축케이블을 이용하여 각 가정의 수신기에 분배하는 통신방식을 말한다.
17 Account Executive(광고기획자)의 약자이다.

No. 19

C	O	N		C	R	E	T	E
O	V	E	R	H	E	A	T	
S	E	T		E	L		U	
M	R		A	N		I	D	
E	R	A	D	I	A	T	E	
T	A	M	A	S	H	A		
I	T		P	H		L	A	
C	E	N	T		N	Y	T	

CROSSWORD | 21

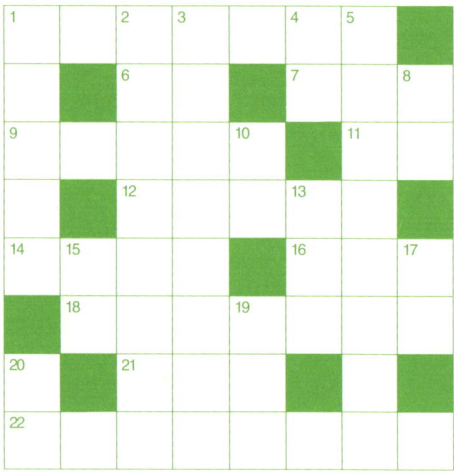

Across

1 __ law(계엄령)이란 국가비상사태에서 행정권과 사법권을 군에 이관하고 헌법에 보장된 개인의 기본권을 제한하는 제도이다.

6 자기장(磁氣場)의 세기의 단위인 에르스텟(oersted)의 약자이다.

7 This beer __s the spot. (이 맥주 딱 인데; 끝내주는데)

9 Is that served with a __? (그거 샐러드도 같이 나오나요?)

11 before christ(기원전)의 약자.

12 중국 티베트 자치구의 수도이자 라마교의 성지이다.

14 Central Asian Cooperation Organization(중앙아시아경제공동체)의 약자이다.

16 Virtue is __ own reward. (미덕은 그자체가 보답이다)

18 __ soda(가성소다)는 비누, 레이온, 제지공업 등에 광범위하게 사용되는 백색결정의 고체로 정식명칭은 수산화나트륨이다.

21 large scale integration(대규모 집적회로)의 약자이다.

22 (경매에서) 빙 둘러싼 원매인(願買人)들을 말한다.

own

1 That's _ to my ears. (듣던 중 반가운 소리네요; 그 소리가 내겐 좋은 음악처럼 들리네요)

2 Now I'm doing the __. (지금 출석체크중입니다; 두 단어)

3 Marlon Brando(말론 브란도)주연의 The _ of the August Moon (팔월십오야의 찻집)

4 _ me! (아아, 어쩌면 좋을까!)

5 제사 때 술 따위를 땅이나 제물에 따르는 행위이다. (헌주)

8 technetium(테크네튬)의 약자로, 인공으로 만들어진 최초의 원소이다.

10 district attorney(지방검사)의 약자이다.

13 I'm _ting on the fence. (나는 중립이야; 양쪽에 걸쳐앉은)

17 Security Council(유엔안전보장이사회)의 약자이다.

19 "Dear _ or Madam"은 상업문 또는 모르는 사람에 대한 서신의 격식 차린 서두인사이다. (근계)

20 profit sharing(이익배분성과급)의 약자이다. cf) PI(생산성격려금)

No. 20

P	L	A	T	O	N	I	C
S	A	C	R	I	S	T	Y
A		M	A	L	T		C
L	R		V	P		A	L
M	A	C	E	R	A	T	E
I		A	L	E	E		C
S	O		E	S		E	A
T		U	R	S	A		R

CROSSWORD 22

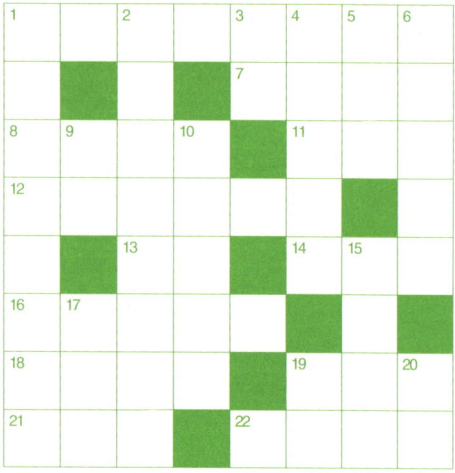

cross

1 운전자의 눈을 태양의 직사로부터 지켜주기 위한 햇빛가리개이다.

7 Your thoughts __ mine. (나도 너와 같은 생각이다; 반향시키다)

8 마약과의 최전선에서 활약하는 Undercover Narcotics Officer(비밀마약수사대)를 의미한다.

11 Spare the __ and spoil the child. (매를 아끼면 아이를 망친다)

12 ADI는 acceptable daily __(일일섭취허용량)의 약자이다.

13 human resource (인적자원)

14 __ talked you into it? (누가 그일을 하도록 너를 꼬드겼지?)

16 Yes, my __! (예, 군주시여!)

18 아프리카는 더 이상 암흑의 대륙이 아닌 희망의 대륙이라는 __ - Optimism이 확산되고 있다.

19 __ habits die hard. (오래된 습관은 고치기 힘들다)

21 wide area network(광대역통신망)의 약자이다. ↔ LAN

22 __ club이란 예술적인 합창곡을 노래하는 남성합창단의 대명사이다.

own

1 사위; 양아들 ↔ daughter-in-law (며느리; 의붓딸)

2 __ limit line(북방한계선; NLL)은 1953년 정전협정당시 유엔군사령관이 일방적으로 설정해 북한 측에 공식통보한 해상경계선을 말한다.

3 industrial engineering(산업공학)의 약자이다.

4 He has got a __ loose. (그는 나사가 풀렸어; 머리가 모자라)

5 오호, 야아, 저런 (놀람, 기쁨, 놀림 등의 감탄사이다)

6 길들이지 않은 소나 말에 올라타거나 올가미를 던져 잡는 등의 기량을 공개적으로 보여주는 경기이다.

9 한 개의 복숭아에는 붙지 않고 한 개의 사과에는 붙는다.

10 __ insurance (적하보험) __ liner (정기화물선)

15 It's our ace in the __. (그것은 우리의 비장의 카드이다)

17 indirect Fluorescent Antibody (간접형광항체법)의 약자이다.

19 Office Lady(사무실여직원)

20 Delaware(델라웨어)주의 약자로, 미국독립 당시 미국헌법을 가장 먼저 승인하여 The First State라는 별명을 가지고 있다.

No. 21

M	A	R	T	I	A	L	
U		O	E		H	I	T
S	A	L	A	D		B	C
I		L	H	A	S	A	
C	A	C	O		I	T	S
	C	A	U	S	T	I	C
P		L		S	I		O
S	A	L		E	R	I	N	G

CROSSWORD 23

cross

1 2개 이상의 돛대에 세로돛을 단 범선으로 앞 돛대에는 꼭대기에 1개 이상의 가로돛이 있다.
7 에헴!, 에에! (주의의 환기, 의심 등을 나타낼 때 내는 소리이다)
8 __ sirree! (두말하면 잔소리지!)
9 Thrown __ like an old shoe. (헌신짝처럼 팽개쳐지다; 전치사)
11 Draw water to his own __. (자신의 방앗간에 물을 끌어들인다)
12 __ on one's hands (수수방관하다; 손을 깔고 앉아있는 모습에서)
13 raise (up) the __ (카드) 밑돈을 올리다; (구어) 분담금을 올리다.
16 나일 강과 피라미드의 나라 이집트의 수도이다.
17 __ got your tongue? (고양이가 혀를 물어갔니?; 꿀 먹은 벙어리)
18 A rolling stone gathers no __. (구르는 돌에는 이끼가 끼지 않는다; 활동가는 녹이 슬지 않는다 or 우물을 파려거든 한 우물만 파라)
20 Don't pull my __. (내 다리를 끌지 마라; 나를 갖고 놀지 마라)
21 기혼여성의 이름 뒤에 붙어서 미혼시절의 예전 성을 나타낸다.

Down

1 __ it with flowers. (꽃으로 말하세요; 마음을 전하세요)

2 What is the __ formula for water? (물에 대한 화학식이 뭐죠?)

3 He who __s is lost. (망설이는 자는 기회를 놓친다)

4 힌두교 및 기타 종교에서 모든 진언 가운데 가장 위대한 것으로 여기는 신성한 음절이다.

5 I wish you a happy __ year! (행복한 새해가 되기를 바랍니다!)

6 There is no __ of sunshine. (한줄기의 햇살도(희망도) 없다)

9 Please set the __ for 6 am. (알람을 6시에 맞춰주세요)

10 Vision is the __ of seeing things invisible. (비전이란 보이지 않는 것을 보는 기술이다)

14 He will be gone until __. (그분은 오전까지 안 계실 겁니다)

15 Attention! Salute! At __. (차려! 경례! 쉬어! - 군대용어)

19 selenium(셀레늄)의 원소기호로, 세포노화를 억제하는 황산화력이 뛰어난 물질로 각광받고 있다.

No. 22

S	U	N	V	I	S	O	R
O		O		E	C	H	O
N	A	R	C		R	O	D
I	N	T	A	K	E		E
N		H	R		W	H	O
L	I	E	G	E		O	
A	F	R	O		O	L	D
W	A	N		G	L	E	E

CROSSWORD | 24

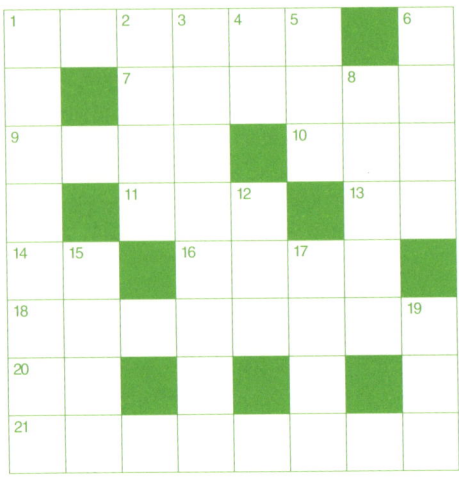

cross

1 문화와 예술의 나라로 지식인과 예술인들의 동경의 대상이었다.

7 플라스마(이온화된 고온의 가스)로 구성되어있는 태양대기의 가장 바깥 영역이다.

9 __ Kazan은 욕망이라는 이름의 전차, 에덴의 동쪽 그리고 초원의 빛으로 유명한 미국의 영화감독이다.

10 Make hay while the __ shines. (해가 비치는 동안 건초를 만들어라; 기회를 놓치지 마라)

11 distributed control system(분산제어시스템)의 약자이다.

13 Oh, __ God! (오, 세상에!)

14 Don't take __ out on me. (내게 화를 내지 마십시오; 대명사)

16 He __d out as a cowboy. (그는 목동으로 고용되었다)

18 남자 목소리에서 테너보다 낮고 베이스보다 높은 목소리이다.

20 Little League의 약자로 초등학생에서부터 고등학생까지의 청소년을 대상으로 하는 국제야구기구이다.

21 A rubber band __s easily. (고무줄은 쉽게 늘어난다)

Down

1 __ time(근무시간연동제)란 개인적인 사정에 따라 업무시간을 자유롭게 조정할 수 있도록 한 제도이다.

2 __ test (엄밀한 검사; 시금(試金)에 질산을 사용한데서 유래한다)

3 the __ deluge (노아의 홍수)

4 18-8 스테인리스는 철에 18%의 크롬과 8%의 니켈이 들어가 있는 금속합금이다. (원소기호)

5 그리스신화에서 새벽의 여신으로, 로마신화에선 Aurora이다.

6 A __ is a silly or foolish person. (어릿광대; 광대의 보조역)

8 자연물이나 자연현상 등에 깃들어 있다고 믿어지는 영적인 기운이다.

12 Let's __ down in a circle. (우리 둥글게 앉읍시다)

15 That's a __ tale [story]. (그것은 믿기 어려운 이야기로군요)

17 work on a __ system (당번제로 작업하다; 윤번, 순번)

19 __ was made from Adam's rib. (… 아담의 갈비로 만들어졌다)

No. 23

S	C	H	O	O	N	E	R
A	H	E	M		E		A
Y	E	S		A	W	A	Y
		M	I	L	L		R
S	I	T		A	N	T	E
	C	A	I	R	O		A
C	A	T		M	O	S	S
	L	E	G		N	E	E

CROSSWORD | 25

Across

1 __ race는 프로야구나 프로농구, 프로축구 등에서 우승기를 놓고 겨루는 공식경기이다.
6 real audio(실감오디오)의 약자.
7 국제올림픽위원회의 약자이다.
9 That was a narrow __. (아슬아슬 했다; 가까스로 벗어나는)
12 VTOL(수직이착륙) 비행기는 __ takeoff and landing의 약자이다.
14 조류나 곤충류의 비행기관으로, 한자로는 조류의 날개를 익(翼), 곤충류의 날개를 시(翅)라 한다.
15 arm이나 brace 등의 단어뒤에 붙어 팔찌라는 의미가 된다.
16 It takes __ to tango. (탱고를 추려면 두 사람이 필요하다; 손뼉도 마주쳐야 소리가 난다)
17 I asked a favor __ him. (나는 그에게 부탁을 했다; 전치사)
19 Let sleeping dogs __. (자는 개는 누워있게 내버려둬라)
21 __ capsule은 미래의 후손들에게 현재의 우리가 부치는 소포이다.
23 Out of the __ing pan into the fire. (프라이팬에서 나왔더니 타오르는 불속으로; 갈수록 태산이다)

Down

1 Such ideas _ these days. (그러한 생각들이 요즈음 우세하다)
2 그림을 그릴 때 캔버스나 화판을 안정시키기 위한 받침대이다.
3 He is such a _ freak. (그는 깔끔 떠는 결벽증환자다)
4 nephew가 남자조카라면 _는 여자조카를 이르는 말이다.
5 It's five _ seven. (7시 5분전이다; 7시까지 5분을 가야하는)
8 봉우리와 봉우리를 연결하는 능선상에 움푹 들어간 곳이다.
10 행성위에 널려있는 크고 작은 구멍으로 화산이나 운석 같은 다양한 원인들에 의해 생겨난다.
11 drop the _ (훌륭한 지도자를 배척하다; 도선사, 조정사)
13 화학적인 방법으로는 더 이상 분해할 수 없는 물질의 기본단위이다.
18 I'm a man of _ words. (나는 거의 말이 없는 사람이다)
20 You'll regret it _ you go there. (거기가면 후회하실 걸요)
22 I read it _ the newspaper. (나는 그것을 신문에서 읽었다)

No. 24

F	R	A	N	C	E		Z
L		C	O	R	O	N	A
E	L	I	A		S	U	N
X		D	C	S		M	Y
I	T		H	I	R	E	
B	A	R	I	T	O	N	E
L	L		A		T		V
E	L	O	N	G	A	T	E

CROSSWORD | 26

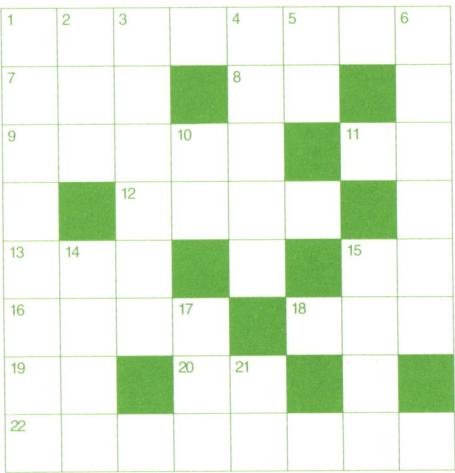

cross

1 전반이 끝난, 이시간은 후반을 위한 작전타임이자 휴식시간이 된다.
7 _ will not be defined. (나이는 속이지 못하는 법이다)
8 I'm sick and tired _ you. (나는 너라면 진절머리가 난다)
9 Great boast and small _. (소문난 잔치에 먹을 것 없더라)
11 Master of Ceremonies(사회자)의 약자이다.
12 The wind _ed round to the north-west. (북서풍으로 바뀌었다)
13 _ is a real eye-catcher. (그녀는 정말 대단한 미인이에요)
15 public relations(공공관계; 홍보)의 약자이다.
16 동물이나 식물이 기생하는 대상이 되는 생물로 숙주라고 한다.
18 value added tax(부가가치세)의 약자이다.
19 Illinois(일리노이)주의 약자로, 노예제 폐지에 최초로 서명한 주이다.
20 integrated circuit(집적회로)의 약자이다.
22 프랑스와 스페인의 국경을 이루고 있는 산맥이다.

own

1 They endured many __s. (그들은 많은 고난을 겼었다)

2 Seven years __ tomorrow. (내일이면 7년째; 내일이면 7년 전이 된다는 의미에서)

3 dead __ (낙엽)이 지는 것을 보고 쓸쓸해하고 낙엽이 굴러가는 소리에 허전함을 느낀다.

4 북미 인디언들이 가족이나 부족의 상징으로 연결짓고 숭배하던 동물이나 자연물을 의미한다.

5 __ it's for me, say I'm not here. (나를 찾으면, 없다고 해라)

6 I __ed her to her room. (나는 그녀를 방에까지 바래다주었다)

10 selenium(셀레늄)의 원소기호로, 세포노화를 억제하는 황산화력이 뛰어난 물질로 각광받고 있다.

14 __ cats [cow]! (정말, 설마!)

15 __ the way for … (…위해 길을 닦다; …위해 길을 열다)

17 I'm __d up right now. (나는 지금 꽉 묶여있다; 일 때문에 바쁘다)

21 __ tower는 canadian national tower의 약자이다.

No. 25

CROSSWORD 27

Across

1 go into [out of] __ (복상(服喪)[탈상(脫喪)]하다; 비탄, 상복)

8 buy something sight __ (현물을 보지 않고 사다)

9 I'm up to my __s in debt. (빚이 귀에까지 찼다; 내 코가 석자다)

10 I get off work __ 5 pm. (나는 오후 5시에 퇴근 한다)

11 __ everyone! (모두들 안녕!)

13 다른 프로스포츠에서 감독은 (Head) __라고 부르지만, 유독 야구에서만은 manager라고 부른다.

15 I took the __ of the day off. (나는 조퇴를 했다; 하루의 나머지)

16 Let's just wait and __. (흘러가는 상황을 두고 봅시다)

17 Either he __ I am to blame. (그나 내가 책임져야한다)

18 His hair is as black as __. (그의 머리는 정말 새카맣다; 잉크)

20 __ 해협의 하얀 절벽은 유공충이라는 바다생물의 화석이다.

22 Our __ concern is …. (우리의 주요관심사는 …이다)

23 make a __ face [mouth] (불쾌하여 얼굴을 찌푸리다)

own

1 갑자기 나타났다 쉽사리 사라지는 모습에서 벼락부자라는 의미도 있는 식용식물이다.

2 I'm __ to your games. (너의 속임수를 알고 있다; 상대의 속임수에 접촉되어 파악하고 있는)

3 I'm getting __d to it. (나는 그것에(그일에) 익숙해지고 있다)

4 What was his __ to that? (그에 대한 그의 반응은 어땠어요?)

5 폭군의 대명사 __황제의 뒤에는 그의 어머니 아그리피나의 뒤틀린 권력에의 욕망이 있었다.

6 What year are you __? (몇 학년이세요?; 전치사)

7 __ roses while you may. (할 수 있는 동안 장미를 모아라(환락을 즐겨라); 청춘은 다시 돌아오지 않는다)

10 테니스나 배구 등의 구기종목에서 서브로 득점하는 것이다.

14 look __ at (…을 비뚤어지게 바라보다; 곱지 않은 시선으로)

19 Nevada(네바다)주의 약자로, 스페인어로 눈이라는 뜻이다.

20 Diffusion Index(경기 동향지수)의 약자이다.

21 rear engine rear drive(후륜구동)의 약자이다.

No. 26

H	A	L	F	T	I	M	E
A	G	E		O	F		S
R	O	A	S	T		M	C
D		V	E	E	R		O
S	H	E		M		P	R
H	O	S	T		V	A	T
I		L		I	C		V
P	Y	R	E	N	E	E	S

CROSSWORD | 28

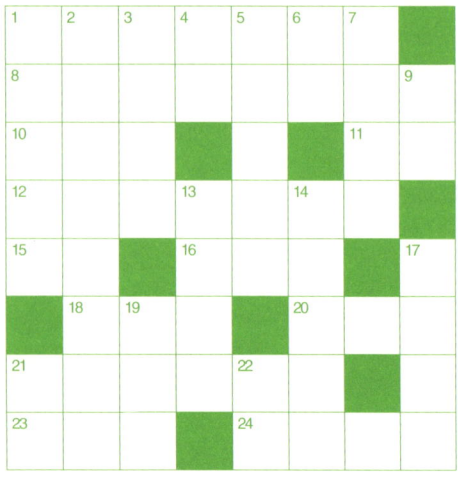

Across

1 be sent on an __ to … (…에 사절로서 파견되다)
8 It's out of the __. (그건 질문거리도 안 된다; 말도 안되는 소리다)
10 작다는 뜻의 접미사이다.
cf) caps__ , glob__ , gran__
11 Money comes and __es. (돈은 들어왔다가도 나가는 것이다)
12 재배된 사료작물 중 가장 오래된 풀로 페르시아어의 가장 좋은 풀이라는 말에서 유래되었다.
15 lithium(리튬)의 원소기호로, 가장 가벼운 금속원소이다.
16 단어 앞에 붙어 "새로운, 최신의"라는 의미를 만드는 접두사이다.
18 You'll __ used to it soon. (너는 곧 그것에 익숙해질 거다)
20 I passed __ in the car. (나는 차안에서 방귀를 꼈다)
21 It is __ hot here. (이곳은 탈 듯이 뜨겁다; 마치 구워대듯)
23 He is always __ step behind. (그는 항상 뒷북친다; 한 걸음 뒤진)
24 He met a blue __ girl. (그는 파란 눈의 소녀를 만났다)

Down

1 Twice two is (_ to) four. (2의 두 배는 4이다; …에 상응하는)
2 아마골프에서 티샷을 잘못했을 경우 다시 한번 칠 수 있게 해주는 세컨드 샷을 말한다.
3 Where's the _? (알맹이는 어디 있지?; 내용이 없잖아)
4 You look the same _ ever. (너는 이전과 같구나; 여전하구나)
5 I think this food is _. (이 음식은 상한 것 같아요)
6 silicon(규소)의 원소기호이다.
7 자세와 호흡을 가다듬어 정신과 육체를 통일, 순화하는 인도고유의 심신단련법이다.
9 _ doubt about it. (그것에 관해서는 의심의 여지가 없다)
13 잘못 등을 비판하여 바로잡는 사람들을 의미하지만, 요즈음에는…
14 It's getting _ in here. (이곳은 안개가 자욱해 지고 있다)
17 I'm getting _ to it. (나는 그것(그 일)에 익숙해지고 있다)
19 _ out a living (근근이(어렵게) 생활을 해나가다)
21 say neither _ nor bum (쓰다 달다 말이 없다; 묵묵부답)
22 Nebraska(네브래스카)주의 약자.

No. 27

M	O	U	R	N	I	N	G
U	N	S	E	E	N		A
S		E	A	R		A	T
H	I		C	O	A	C	H
R	E	S	T		S	E	E
O	R		I	N	K		H
O		D	O	V	E	R	
M	A	I	N		W	R	Y

CROSSWORD | 29

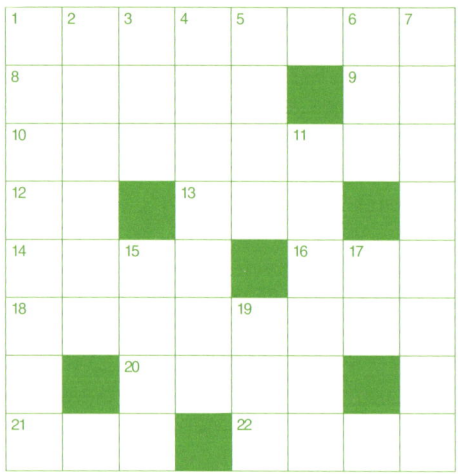

cross

1 구변 좋은 위선자라는 의미로, 디킨스의 소설 Bleak House(황폐한 집)에 등장하는 타락한 목사의 이름에서 유래한다.
8 고막이 터질 듯한 굉음 속에 속도의 무한경쟁을 벌이는 이들…
9 Office Automation(사무자동화)의 약자이다.
10 8개 한벌; 8로 이루어진
12 player killing의 약자로, 온라인 게임에서 상대방의 캐릭터를 죽이는 행위를 의미한다.
13 Even Homer sometimes __s. (호머 같은 대시인도 종종 방심한다)
14 습한 환경에서 식물의 유해가 퇴적하여 생화학적으로 탄화한 것이다.
16 It is his friends that make or __ a man. (사람을 만드는 것도 친구요, 망치는 것도 친구다)
18 She really __s me. (그녀는 정말 나를 짜증나게 한다)
20 She is __. (그녀는 멋지다)
21 가속도의 크기를 나타내는 CGS 단위로, 1__ = 1cm/sec^{2}이다.
22 anti-ship cruise missile(대함 순항미사일)의 약자이다.

Down

1 사진작업에서 보다 나은 화면구성을 위해 이미지의 주변부를 잘라내어 정리하는 것을 말한다.

2 다른 사람들의 컴퓨터에 불법으로 침입하여 자료 등을 훔치거나 파괴하는 사람들을 일컫는다.

3 __ your age, not your shoe size. (신발치수 말고, 나이대로 행동해라; 서양에선 보통 inch를 기준으로 신발치수가 정해지는데서)

4 __ logic (의무논리; 규범논리)

5 체코공화국은 프라하를 중심으로 한 보헤미아와 이곳을 중심으로 한 모라비아로 나누어진다.

6 I'm neither tall __ short. (나는 키가 크지도 작지도 않다)

7 It's nothing but a __. (그것은 공상에 지나지 않는다; 백일몽)

11 대량광고에 좌우되기 쉬운 일반 대중들을 가리킨다.

15 카자흐스탄과 우즈베키스탄 사이에 걸쳐있는 대염호(大鹽湖)이다.

17 I'll call for you __ seven. (7시에 당신을 모시러가겠습니다)

19 It's getting near __ time. (티타임이 거의 되어가네요)

No. 28

CROSSWORD | 30

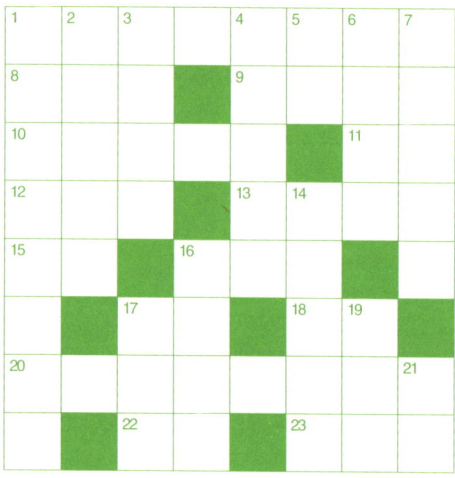

cross

1 옥외장면을 동일 및 유사한 환경에서 촬영하는 것을 의미한다.
8 It is best to __ on the safe side. (잘못되더라도 큰 탈이 나지 않게 조심하는 것이 제일이다)
9 Turning green with __. (사촌이 땅을 사면 배가 아프다; 부러움으로 얼굴색이 변하는 모습에서)
10 He __s swimming. (그는 수영을 무척 좋아한다; 숭배할 정도로)
11 elevated railway(고가철도)
12 quite a __ (꽤 많은, 상당한)
13 열대지방의 중요 녹말식량이다.
15 앞에 있는 엔진의 동력이 뒷바퀴에 전달되는 방식이다. (약자)
16 전기저항의 MKS단위; 기호 Ω
17 European Union(유럽연합)
18 컴퓨터시스템의 전반적인 동작을 제어하고 조정하는 운영체제이다.
20 데이비드 린 감독의 추억의 영화 __ of Arabia(아라비아의 로렌스)
22 일부명사의 복수형을 만드는 어미이자, 일부동사의 3인칭단수현재형을 만드는 어미이다.
23 General Headquarters(연합군 최고사령부)의 약자이다.

own

1 가을에 물들어 떨어지는 이것을 바라보며 우수에 젖는다. (두 단어)

2 May I take your _? (주문을 받아도 될까요?)

3 Come on, Joe, eat _! (이봐, Joe, 패배를 인정하라고!; 까마귀)

4 I have braces on my _. (나는 치아에 교정기를 하고 있다)

5 I have an _ with the police. (나는 경찰과 연줄이 있다)

6 School is _ at five pm. (학교는 오후 5시에 끝이 난다; 전치사)

7 미국의 화학회사 뒤퐁이 세계최초로 개발한 합성섬유의 상품명으로, 현재는 폴리아미드계합성고분자를 칭하는 일반적인 이름이다.

14 _ the blind, the one-eyed is king. (장님들 사이에선 애꾸가 왕)

16 It is no business of _. (그것은 우리들의 일이 아니다)

17 숫양은 ram, 어린양은 lamb 그리고 암양은 _이다.

19 삼성에서 출시하는 휴대폰에 붙는 _ 는 Samsung Cellular Handset의 약자이다.

21 emotional quotient (감성지수)의 약자이다. ↔ IQ (지능지수)

No. 29

C	H	A	D	B	A	N	D
R	A	C	E	R		O	A
O	C	T	O	N	A	R	Y
P	K		N	O	D		D
P	E	A	T		M	A	R
I	R	R	I	T	A	T	E
N		A	C	E	S		A
G	A	L		A	S	C	M

CROSSWORD | 31

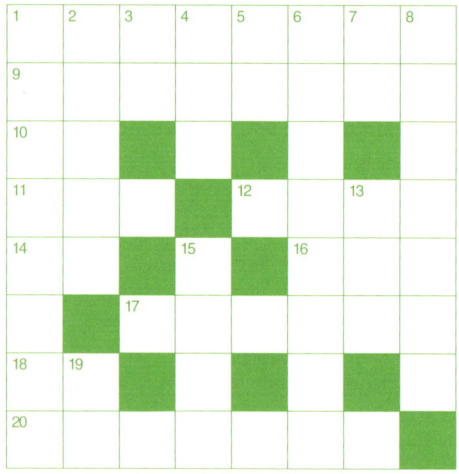

cross

1 It is not __ to imagine that…
(…상상하는 것이 공상만은 아니다)

9 continued __ to loud noise
(시끄러운 소음에의 지속적인 노출)

10 system integration(시스템통합)의 약자로, IT와 관련된 수많은 요소들을 하나의 시스템으로 연결시켜 운영될 수 있게 하는 것이다.

11 I feel like a __ of bricks fell on me. (몸이 천근만근이다; 1톤의 벽돌이 내게 떨어진듯 느껴지는)

12 That __ is hard to make. (그 요리는 만들기가 힘들어요)

14 individual medley(개인혼영)의 약자로, 한선수가 접영, 배영, 평영, 자유형으로 같은 거리를 차례로 이어서 헤엄치는 종목이다.

16 황도12궁 중 5번째 별자리로 게자리 서쪽에 있다. (사자자리)

17 the thirteenth __ (13번째 매장자; 유희 왕 캐릭터 중에서)

18 미국에서 도로표지판은 남북은 __ 동서는 St로 표시한다.

20 jack-o'-__ (속을 파낸 큰 호박에 눈, 코, 입을 뚫은 호박초롱)

own

1 hold [keep, make] a __ (축제를 열다; 잔치를 베풀다)
2 한 이론의 출발점에서 그 이론의 전제가 되는 가정을 의미한다.
3 noun phrase(명사구)의 약자.
4 Holy __ [cats]! (정말, 설마!)
5 Birth __ much, but breeding __ more. (가문보다 가정교육)
6 수발총병. cf) 수발총은 화승총을 개량한 것으로 부싯돌을 이용하여 작약에 점화하는 방식이다.
7 Uruguay Round의 약자로, GATT체제에서 WTO체제로의 전환을 위한 미국에 의해 주도된 사전정지작업의 성격이 강하다.
8 빨리 자라고 알을 많이 낳도록 계량된 품종으로 이탈리아의 원산지명이 그대로 이름이 되었다.
13 I'm dying to __ you. (당신이 보고 싶어 죽겠습니다)
15 You're __ saying that. (그냥 말로만 그러는 거지)
19 바이올린과 첼로사이의 공백을 메워주는 이것은 회사나, 가정에서 조정역할을 하는 40대에 어울리는 악기이다. (Viola의 약자)

No. 30

L	O	C	A	T	I	O	N
E	R	R		E	N	V	Y
A	D	O	R	E		E	L
F	E	W		T	A	R	O
F	R		O	H	M		N
A		E	U		O	S	
L	A	W	R	E	N	C	E
L		E	S		G	H	Q

CROSSWORD 32

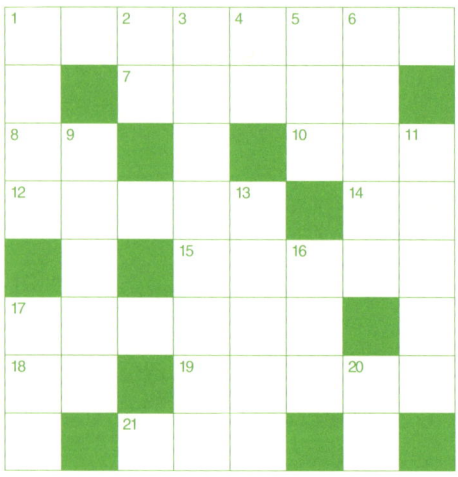

Across

1 서양에는 없고 동양에만 있는 날로 좋아하는 여자에게 사탕을 선물하며 마음을 전달한다.
7 오징어가 분사하는 먹물에서 채취하는 불변성의 갈색안료이다.
8 shortstop(유격수)의 약자이다. cf) 좌익수는 LF, 우익수는 RF
10 We're living in the __ of the internet. (인터넷의 시대)
12 Set a __ to catch a __. (도둑을 잡으려면 도둑을 이용해라)
14 own goal(자책골)의 약자이다.
15 Is the __ on schedule? (비행기는 예정대로 운항됩니까?)
17 He is __ of passion. (그는 열정이 결여되어있다)
18 Take it __ leave it. (사든가 말든가; 하든가 말든가)
19 Please __ by cheque. (수표로 송금하여 주십시오)
21 video tape recorder(비디오테이프녹화기)의 약자로, VCR과 동일한 의미로 볼 수 있다.

Down

1 East or __, home is best. (어디를 가 봐도, 내 집이 최고다; 동쪽이든 서쪽이든 다녀봐도)

2 Good health __ a great asset. (건강은 최고의 자산이다)

3 광섬유나 통신위성 등을 통한 고도정보통신처리기지이다.

4 Extended Play의 약자로 정규앨범이 아닌 일종의 미니 앨범이다.

5 The good __ young. (선한 사람이 일찍 죽는다)

6 모세의 형으로 유대교 최초의 (전승 상의) 제사장이었다.

9 It was a __ fluke. (그것은 순전히 운이었어요; 요행수)

11 real estate __ (공인중개사)
   secret __ (비밀첩보원)
   contact __ (촉매(작용)제)

13 He is a frequent __. (그는 비행기를 자주 이용하는 고객이다)

16 Arrow Diagramming Method의 약자로 각각의 작업을 화살표로 표시하는 방법이다.

17 Go home and kick the __. (집에 가서 개를 찬다; 종로에서 뺨 맞고 한강 가서 눈 흘긴다)

20 역사에 이것은 없다, 이것은 역사가 아닌 상상이기 때문이다.

No. 31

memo.

F	A	N	C	I	F	U	L
E	X	P	O	S	U	R	E
S	I		W		S		G
T	O	N		D	I	S	H
I	M		J		L	E	O
V		B	U	R	I	E	R
A	V		S		E		N
L	A	N	T	E	R	N	

CROSSWORD | 33

Across

1 __ mitchell의 동명의 베스트셀러를 영화화한 Gone with the Wind.
8 I cannot __ holidays. (나는 휴가를 가질 여유가 없다)
9 radiographic testing(방사선투과검사)의 약자로 비파괴검사(NDT)의 일종이다.
10 ABO식 혈액형의 일종으로 모든 혈액형을 수혈 받을 수 있다.
11 junior(연소자, 하급자)의 약자 ↔ senior(연장자, 상급자)
12 화물을 바다에 내던져 선박의 하중을 줄이는 일이다.
13 a year __ so (1년 정도)
14 미국에서 도로표지판은 남북은 Av 동서는 __로 표시한다.
15 아욱과의 식물로, 이것의 덜 익은 연한 열매를 gumbo라고 한다.
18 make [form] an __ with (…와 동맹하다; …와 결연하다)
21 Master of Arts의 약자로, 문과계열의 석사를 의미한다.
22 National League의 약자이다.
23 The holiday fell __ sunday. (공휴일이 일요일과 겹쳐졌다; 공휴일이 일요일에 떨어지는 모습에서)

own

1 지중해나 서아시아 원산으로 향료 또는 약용으로 널리 재배된다.
2 You take __ your mom. (너는 엄마를 닮아있다; 전치사)
3 radio frequency (무선주파수)
4 The inside is made of __. (안쪽은 염소가죽으로 만들어졌다)
5 __ award(중재판정)은 : 중재인이 중재절차에 따라 내린 최종판정이다.
6 street의 약자는 St, avenue의 약자는 Av, Road의 약자는?
7 Don't try to __ the tables. (정세를 역전하려 들지마라)
11 He is cut out for the __. (그는 그 일에 적격이다; 잘 맞게 재단된)
15 overlap의 약자로, 장면의 전환이나 시간의 경과 등을 표현한다.
16 __ egg of __ hour. (한 시간 지난 달걀; 최상의 품질의 것)
17 내적관찰과 자기성찰에 의하여 자기심성의 본원을 참구할 것을 주창한 불교 종파이다. (선종)
19 Hasta __ vista! (다시 봐요!, 잘 가세요!; 스페인어)
20 __-marketing(공동마케팅)이란, 관련 있는 제품들을 함께 연결하여 전반적인 마케팅활동을 수행하는 것을 의미한다.

No. 32

CROSSWORD | 34

Across

1 I'll __ your call to …. (당신의 전화를 …에게 돌릴게요)
9 규산염 광물로 이루어진 석질운석으로 전체운석의 대부분을 차지한다.
10 It is beyond my __. (그것은 나의 역량 밖이다; 능력범위, 영역)
11 The Extra Terrestrial(지구 외 생물)의 약칭으로 스필버그 감독의 영화제목으로도 유명하다.
12 "생각건대 …이다(it seems to me)"라는 의미의 고어이다.
14 play the __ (남의 흉내 내다)
15 Then it'll have been in __. (그럼 모든 것이 허사가 되는군요)
17 new technology의 약자이다.
cf) Window __, ME, XP
18 I have three __ed teeth. (나는 세 개의 충치가 있다)
19 "…특성을 가지는; …으로 가득한" 등의 의미를 만드는 접미사이다.
21 autonomic nervous system(자율신경계)의 약자이다.
22 __teles(아리스토텔레스)는 그리스 최고의 사상가중 한사람으로 철학분야에서는 아직도 살아있다.

Down

1 호주 남동쪽에 있는 섬으로 천혜의 자연과 식민의 흔적이 많아 이 나라에서 손꼽히는 관광지이다.

2 동물체가 외부로부터의 자극을 받아들이는 세포기관의 총칭이다.

3 The accident __ from mere carelessness. (그 사고는 단순한 부주의에서 일어났다)

4 __, not this one either. (아니오, 이것도 아니에요) ↔ yep

5 laugh in [up] one's __ (소매 속에서 (남 몰래) 웃음짓다)

6 fade in의 약자로, 어두운 화면을 점차 밝게 해나가는 기법이다.

7 __ winds는 에게 해 일대에서 여름철에 불어오는 건조한 북서풍이다.

8 rational-emotive therapy(이성감성요법)의 약자이다.

13 1999년 포르투갈에서 중국으로 반환되었으며 1국 2체제의 적용을 받는 특별행정구가 되었다.

16 뉴욕증권거래소의 약자이다. cf) 증권거래소(Stock Exchange)

18 decision support system(의사결정지원시스템)의 약자이다.

20 user interface의 약자로, 컴퓨터 사용자들이 원하는 작업을 수행할 수 있도록 해주는 작업환경을 말한다.

No. 33

M	A	R	G	A	R	E	T
A	F	F	O	R	D		U
R	T		A	B		J	R
J	E	T	T	I	S	O	N
O	R		S	T		B	
R		O	K	R	A		Z
A	L	L	I	A	N	C	E
M	A		N	L		O	N

CROSSWORD | 35

Across

1 have free _ to … (…에 자유로이 입장할 수 있다)
9 _ Jane (미국 서부개척시대의 전설적인 여걸이다; 재난, 불행)
10 lithium(리튬)의 원소기호이다.
11 I'd like to change won into _. (원화를 엔화로 바꾸고 싶다)
12 instrument landing system (계기착륙방식)의 약자이다.
14 It's a _ eyesore. (그건 정말 꼴불견이군요; 눈꼴사납군요)
16 율리우스 카이사르를 암살한 브루투스가 옥타비아누스와 안토니우스의 연합군에 패한 곳이다.
18 tellurium(텔루륨)의 원소기호.
19 media control interface의 약자로, 하드웨어에서 미디어소프트웨어를 작동할 수 있게 해준다.
20 영국의 작가 _ Fleming은 007 시리즈의 원작자로 유명하다.
21 _ fool [idiot] can do it. (어떤 바보라도 그건 할 수 있다)
23 certificate of deposit(양도성정기예금증서)의 약자이다.
24 seasonal _ of tiredness (계절의 변화에서 오는 피로증세)

Down

1 하늘에서 태양이 움직이는 겉보기 궤도를 의미한다. (황도)
2 다이아몬드의 퍼빌리언이 너무 깊게 커팅되면 중심부분이 어두워지는 __(네일헤드) 현상이 생긴다.
3 __9000은 telecommunication leadership 9000의 약자로, 정보통신분야의 국제품질인증규격이다.
4 상어가 바다밑바닥에서 살면서 변형된 물고기라 한다. (가오리)
5 모두에게 평등한 성공의 기회를 부여한다는 __ dream은 인종적인 편견과 부의 세습 속에서 점차 사라져만 가고 있다.
6 중세유럽에서 시작된 구기종목으로 10개의 핀을 사용하는 현대식 볼링의 전신이라 할 수 있다.
7 computed tomography(컴퓨터 단층촬영)의 약자이다.
8 He does not bat an __. (그는 눈 하나 까딱하지 않는다; 눈꺼풀)
13 International System of Units(국제단위계)의 약자이다.
15 Associated Press (연합통신)
17 lumen(루멘)의 약자로, 광속이나 빛의 양에 관한 단위이다.
22 if __ are thirsty, drink. (너희가 목마르거든 마셔라; you의 고어)

No. 34

T	R	A	N	S	F	E	R
A	E	R	O	L	I	T	E
S	C	O	P	E		E	T
M	E	S	E	E	M	S	
A	P	E		V	A	I	N
N	T		D	E	C	A	Y
I	O	U	S		A	N	S
A	R	I	S	T	O		E

CROSSWORD | 36

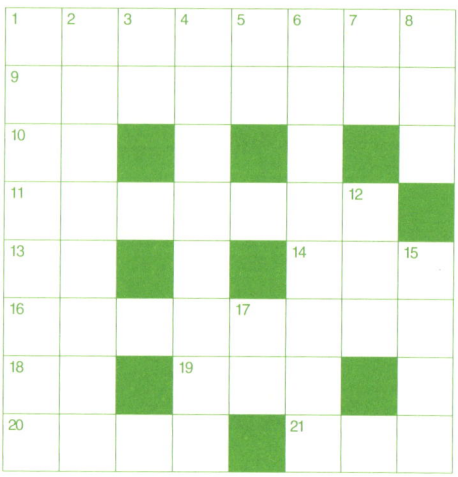

Across

1 My __ falls on a Sunday this year. (나의 생일은 올해는 일요일에 떨어진다; 우연히 일요일에 해당된다)

9 일리아드와 함께 Homer의 작품이라 전해지는 영웅서사시이다.

10 overlap의 약자로 장면의 전환이나 시간의 경과 등을 표현한다.

11 미국의 35대 대통령으로 대결보다는 대화를 통한 냉전의 종식을 위해 노력했으나 유세도중 달라스에서 의문의 암살을 당한다.

13 cc는 cubic centimeter로 1cm³를 의미하므로 1cc는 1__가 된다.

14 Bruce __는 중국계 무술인이자, 절권도의 창시자로 영화 사망유희의 촬영도중 의문사한다.

16 압축공기를 이용하여 무거운 물체를 상하로 움직이는 기계장치이다.

18 radon(라돈)의 약자로, 건축재 등에서 발생하는 방사성물질이다.

19 Asia News Network(아시아뉴스네트워크)의 약자이다.

20 프랑스에서 외인부대원은 흔히 __ blanc(하얀 모자)로 불려진다.

21 estimated time of arrival(도착예정시각)의 약자이다.

Down

1 인터넷사용자가 자주 방문하는 사이트의 URL을 저장하여 바로갈수 있게 해주는 기능을 말한다.
2 사용할 수 있는 상태에서 사용되고 있지 않는 전화선이다. (두 단어)
3 직업이나 행위 또는 신분이나 부류 등의 의미를 만드는 접미사이다.
4 중국서부의 성으로 동명의 중국최대의 염호가 있다. 한어병음법에 따라 이제는 Qinghai라고 표기된다.
5 Harmonized System의 약자로 국제협약에 의해 공통으로 사용하는 상품분류체계를 의미한다.
6 We have a __ to meet. (우리는 맞춰야할 최종기한이 있다)
7 artificial intelligence(인공지능)의 약자이다.
8 young aspiring professionals (출세 지향적인 고소득의 젊은 전문직종사자)의 약자이다.
12 __-man (윗사람의 말에 그저 예예 하는 사람) ↔ no-man
15 이탈리아 시칠리아 섬 동부에 있는 유럽에서 가장 높은 활화산이다.
17 Men live by forgetting, women live __ memories. (남자는 망각으로 살아가고, 여자는 추억으로 살아간다; 전치사)

No. 35

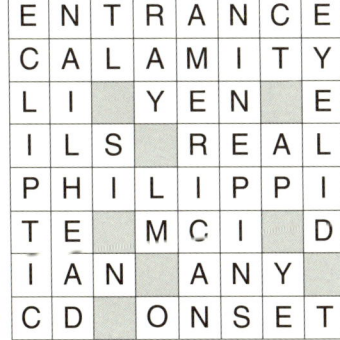

CROSSWORD | 37

Across

1 __ isolation(영광의 고립)이란 월등한 경제력을 바탕으로 유럽 각국의 합종연횡 속에 중립을 지켰던 영국의 전통적인 외교정책이다.

7 I know him from head to __. (나는 그를 속속들이 알고 있다)

8 He is __ on a business trip. (그는 출장으로 나가있다; 전치사)

9 There is no __ for doubt. (의심의 여지가 없습니다)

12 __, now I get the picture! (아아, 이제야 알겠다; 상황이 그려진다)

13 I think I sprained my __. (나는 발목을 삔 것 같아요)

16 __ way or round trip? (편도인가요 아니면 왕복인가요?)

17 Old Boy(졸업생, 동창생)의 약자.

18 We've run out of __. (휘발유가 떨어졌어요)

19 그리스신화에서 새벽의 여신으로, 로마신화에선 Aurora이다.

21 kick down [away] the __ (성공의 발판이 된 것을 차버리다)

24 Which team are you __ing for? (어느 팀을 응원하세요?)

Down

1 I'm a __ here, too. (저도 이곳은 처음입니다; 초행입니다)

2 __! What does it matter? (쳇! 그게 뭐가 문제라는 거지?)

3 황도12궁 중 5번째 별자리로 게자리 서쪽에 있다. (사자자리)

4 There are __ free lunches. (세상에 공짜는 없어요)

5 Don't __ the question! (질문을 회피하지 마세요; 자맥질로 피하듯)

6 Put __ on my tab, please. (그거 계산서에 달아놓으세요; 나중에 한꺼번에 계산하겠다는 의미이다)

10 Be a __. = Be brave. (남자답게(용감하게) 행동해라)

11 Jan, __, Mar (2월의 약자)

14 I __ something different. (나는 무언가 다른게(변화가) 필요하다)

15 Win a few, __ a few. (이길 때도 있고 질 때도 있다)

16 노르웨이의 수도인 이곳은 바이킹의 수도라고도 불리 운다.

20 I think the __s are even. (나는 승산이 반반이라 생각한다)

22 What are you aiming __? (무슨 의도입니까?; 무언가를 겨냥하는)

23 동사 등에 붙어 "다시, 거듭, 원상"등을 의미하는 접두사이다.

No. 36

B	I	R	T	H	D	A	Y
O	D	Y	S	S	E	I	A
O	L		I	A		P	
K	E	N	N	E	D	Y	
M	L		G		L	E	E
A	I	R	H	O	I	S	T
R	N		A	N	N		N
K	E	P	I		E	T	A

CROSSWORD | 38

Across

1 I __ to see more of you. (당신을 자주 만나 뵙고 싶습니다)

5 돼지고기를 소금에 절여 훈연하여 만든 육가공식품이다.

8 Strike while the __ is hot. (쇠는 달구어졌을 때 쳐라)

9 숫양은 ram, 어린양은 lamb 그리고 암양은 __이다.

10 Only the lord __ our soul. (신만이 우리의 영혼을 되살려 주신다)

12 알코올 또는 페놀이 유기[무기]산과 반응하여 물을 잃고 축합하여 생긴 화합물의 총칭이다.

13 __ notice of imported food shipments (수입식품사전신고)

16 Alcohol __ his tongue. (술이 그의 입을 놀리게 했다; 혀를 풀어)

19 Don't blow your __ horn. (네 입으로 잘났다고 하지마라)

20 It's __ picnic [joke]. (장난이 아닌데; 쉽지가 않은데)

21 I __ things double. (물체가 이중으로 보여요)

22 Time and __ wait for no man. (시간과 조류는(기회는) 사람을 기다려주지 않는다)

own

1 She __d out as a guide. (그녀는 가이드로 고용되었다)
2 mining of non-ferrous metal __ (비철금속광업; 복수형)
3 Don't __ it till tomorrow. (그 일을 내일까지 미루지 마라)
4 A pioneer is a person who __ a new field. (들어가다)
5 She lives on __ own terms. (그녀는 자기방식대로 살고 있다)
6 He is in __ of his father. (그는 자신의 아버지를 경외한다)
7 the __es of the law (법망)
11 해가 뜨는 곳이라는 방위의개념에서 근동, 중동, 극동 등을 포함하는 동양의 개념이 되었다.
14 The movie is based __ fact. (그 영화는 사실에 근거한다)
15 __ the air [skies] (함성 등이) 하늘을 가르다.
16 __ Angeles는 미국에서 한국교포들이 가장 많이 살고 있는 도시로 "우리 천사 중의 여왕의 광장"이라 부른데서 유래되었다.
17 I __ 20 dollars to him. (나는 그에게 20달러를 빚지고 있다)
18 수사슴은 buck 새끼사슴은 fawn 암사슴은 __이다.

No. 37

S	P	L	E	N	D	I	D
T	O	E		O	U	T	
R	O	O	M		C		F
A	H		A	N	K	L	E
N		O	N	E		O	B
G	A	S		E	O	S	
E		L	A	D	D	E	R
R	O	O	T		D		E

CROSSWORD | 39

Across

1 스와힐리어로 무엇인가를 얻어 돌아오는 여행이란 의미이다. (복수형)

7 How long __ was it that …? (…한 것은 얼마 전 일인가요?)

8 __ region(건조지대)란 강수량이 부족하여 식물의 정상적인 생육이 어려운 기후지대를 말한다.

10 질점(質點) 또는 물체의 단위시간당 위치변화를 의미한다.

12 He __ about his age to join the army. (거짓말했다)

13 고체인 콜로이드 입자가 액체속에 분산되어 유동성을 갖는것이다.

14 Investigative Reporters & Editors(전미탐사보도협회)의 약자.

16 He lost 7 games in a __. (그는 일곱 게임 연속으로 졌다)

17 HSB는 __(색상), Saturation(채도), brightness(명도)로 구성된다.

18 값어치 있는 광물을 함유하고 채산성이 보장되는 암석을 말한다.

19 미래에 대한 정보를 알려준다고 믿어지는 현상 등을 의미한다.

21 Green __(그린베레)는 미국의 對 게릴라 특수부대의 별명이다.

22 장음계의 첫 번째 음이다.

Down

1 __ face (체면을 살리다)
↔ lose face (체면을 구기다)
2 I'm the same __ as you. (나는 너와 같은 나이다; 동갑이다).
3 Be a leader, not a __. (추종자가 되지 말고, 지도자가 되라)
4 He came first in the __. (그는 경주에서 일등으로 들어왔다)
5 백금족원소의 하나로 그리스신화의 무지개여신 이리스(Iris)의 이름을 따서 명명되어졌다. (이리듐)
6 Let's __ down at the table. (테이블에 자리 잡고 앉읍시다)
9 질량 1g의 물체에 1cm/s^{2}의 가속도를 생기게 하는 힘이다.
11 I burned the midnight __. (나는 밤을 새워 공부했다)
13 You hit my __ spot. (저의 아픈 곳을 찌르시는군요)
15 Man is a thinking __. (인간은 생각하는 갈대이다)
16 __ Peter to pay Paul (여기서 꾸어다 저기를 갚는다; 빼앗다)
17 It's selling like __ cakes. (그것은 불티나게 팔리고 있다)
20 A rolling stone gathers __ moss. (구르는 돌에는 이끼가 끼지 않는다; 상반되는 해석이 가능하다)

No. 38

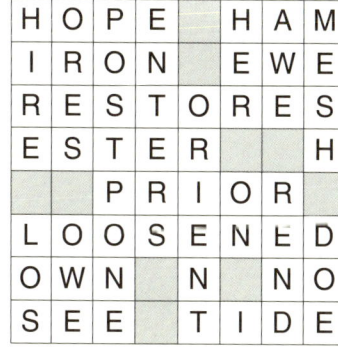

CROSSWORD | 40

Across

1 __es to __es, dust to dust. (재는 재로, 먼지는 먼지로 돌아간다)
4 Take things as __ come. (세상일을 순리대로 받아들여라)
7 I missed a step on the __s. (나는 계단에서 발을 헛디뎠다)
9 When and where shall __ meet? (언제 어디서 만날까요?)
10 This work __ a lot of time and effort. (소모한다)
12 All is well that __s well. (결과가 좋으면 만사가 다 좋다)
13 I'm sorry __ bother you. (당신에게 폐를 끼쳐 죄송합니다)
14 Near __ is better than a distant cousin. (가까운 이웃이 먼 사촌보다 낫다; 이웃사촌)
18 몬테카를로와 라스베이거스는 이것으로 유명하다.
19 have a __ with sb (…와 옥신각신하다; 승강이, 말다툼)
21 light emitting diode(발광다이오드)의 약자이다.
22 꼬리 없는(짧은) 원숭이의 총칭.
23 국명에 이것이나 an을 붙이면 사람이나 언어를 뜻한다.

own

1 When a star falls, a soul __ to God. (별이 하나 떨어지면, 하나의 영혼이 신께 올라간다)

2 Leave no __ unturned. (뒤집어 보지 않은 돌이 없을 정도로 온갖 노력을(시도를) 다해보다)

3 서로 다른 기량의 골퍼들이 공평하게 플레이를 즐길 수 있도록 만들어진 독특한 제도이다.

4 All __ are not to be told. (감춰야하는 진실도 있는 법이다)

5 숫양은 ram, 어린양은 lamb 그리고 암양은 __이다.

6 __ sirree! (두말하면 잔소리지!)

8 The sky __ the limit (하늘이 한계다; 가능성은 무한하다))

11 __ commerce란 이동통신기기를 활용한 전자상거래의 일종이다.

15 유량이나 수심을 조절하기위해 수로 등에 설치한 가동 식 문이다.

16 버지니아 울프는 A room of __ own(자신만의 방)에서 왜 여성은 남성과의 관계를 통해서만 제시되는가 라는 의문을 제기한다.

17 ride, __, ridden (타고가다)

20 public address의 약자로, 청중들에게 들려주는 모든 오디오 시스템을 총칭하여 이르는 말이다.

No. 39

S	A	F	A	R	I	S	
A	G	O		A	R	I	D
V	E	L	O	C	I	T	Y
E		L	I	E	D		N
	S	O	L		I	R	E
R	O	W		H	U	E	
O	R	E		O	M	E	N
B	E	R	E	T		D	O

CROSSWORD | 41

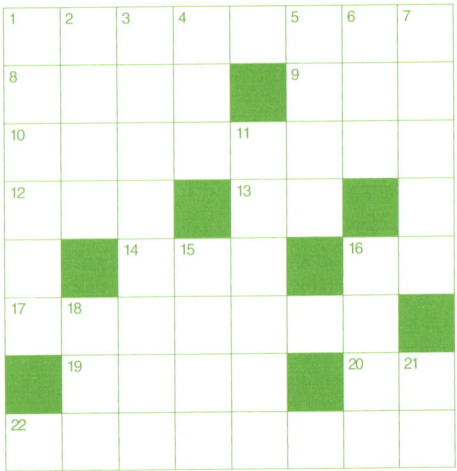

Across

1 Michael is very __-prone. (마이클은 정말 사고뭉치다)

8 계획 없이 사용하면 신용불량자로 낙인찍히기도 하는 것이다.

9 It is _ early to ···. (···하는 것은 시기상조이다)

10 통신망에 접속할 때 허가받은 사용자임을 확인하는 보안수단이다.

12 Every dog has _ day. (어떤 개도 자신만의 날이 있다; 쥐구멍에도 볕들 날 있다)

13 명사 또는 형용사 앞에 붙어 "··· 되게 하다"라는 동사를 만든다.

14 Eastern Standard Time(동부표준시간)의 약자이다.
cf) CST(중부표준시), PST(태평양표준시), MST(산악지방표준시)

16 _ goodness! (이런, 저런!)

17 be __d to sth [to do] (···의 [···할] 권리가 [자격이] 있다)

19 어떤 단어 뒤에 붙어 작은, 여성, 모조, 집단 등의 의미를 만들어주는 지소사의 일종이다.

20 하루의 전반 (약자) ↔ PM(오후)

22 자동차의 handle(핸들)은 콩글리시, 영어로는 _ wheel이다.

Down

1 She joined an __ club. (그녀는 산악회에 가입했다)
2 따뜻한 겨울나기에는 이것보다 좋은 것이 없을 듯 합니다.
3 __ tape(카세트테이프)는 1963년 네덜란드 필립스사가 개발한 매거진식의 자기테이프이다.
4 Inertial navigation system(관성항법장치)의 약자이다. cf) GPS
5 영국 잉글랜드 남동부 버크셔 주에 있는 도시로 영국최고의 사립학교 __칼리지의 소재지이다.
6 I can neither sing __ dance. (나는 노래도 춤도 못한다)
7 Let's call it quits for __. (오늘은 그만 끝내자; 집에 갈 시간이다)
11 My brother is a bed-__. (내 동생은 오줌싸개다; 적시는 사람)
15 We will visit the historic __s. (우리는 역사 유적지를 방문할거다)
16 We're just not __t to be. (우리는 인연이 아닌가 봐요; 운명된)
18 All is fish that comes to the __. (그물에 걸리는 것은 모두 물고기다; 무엇이든 이용한다)
21 수질 오염도를 표시할 때 1ppm은 1__/L이다.

No. 40

A	S	H		T	H	E	Y
S	T	A	I	R		W	E
C	O	N	S	U	M	E	S
E	N	D		T	O		
N	E	I	G	H	B	O	R
D		C	A	S	I	N	O
S	P	A	T		L	E	D
	A	P	E		E	S	E

CROSSWORD | 42

Across

1 How would you like your __? (스테이크를 어떻게 할까요?)

5 유아어로 pa(아빠)의 반대말이다.

7 It'll cost you an __ and a leg. (그것은 엄청난 비용이 들거다; 팔과 다리만큼 소중한 것을 요구하다)

8 Strike while the __ is hot. (쇠는 달구어졌을 때 쳐라)

10 어머니의 도시라고도 불려지는 남아프리카공화국의 입법수도이다.

12 단위 앞에 붙어 원래 단위의 1000배 단위를 구성한다.

13 I made a slip of the __. (제가 말실수를 했습니다; 혀를 놓치는)

16 Don't __ with his feelings. (그의 감정을 가지고 장난치지마라)

17 I can't tell fake from __. (가짜를 진짜와 구별하기 힘들다)

19 격투 등이 펼쳐지는 원형경기장이라는 의미에서 활동 등이 이뤄지는 무대라는 의미가 되었다.

20 reply(회답, 답신)의 약자이다.

21 it's no __ doing [to do] (…해봐야 소용없다)

22 Better __ than break. (꺾이느니 보다 굽히는 게 낫다)

Down

1 get the __ (해고당하다; 짐을 싸고 나가는 모습에서)
2 __ Gate(반역자의 문)이라는 수문의 별명은 런던탑에 호송되는 죄수들이 지나갔던 데서 유래한다.
3 employer(고용주)의 반대말이다.
4 어떤 작업이나 제품 등에 사용되는 장비나 부품을 한 세트로 구비하여 갖춰놓은 것을 말한다.
5 __ the lawn = cut the grass (잔디 깎다; 풀을 베다)
6 AD는 __ Domini의 약자로, 그리스도 기원 즉 서력을 의미한다.
9 __ state는 미국이 원하는 국제질서 속에 들어오지 않는 국가들을 지칭하는 미국중심의 용어이다.
11 생물화석들이 거의 발견되지 않는 지질시대를 Cryptozoic __(은생이언)이라 한다. ↔ 현생이언
14 Let's __ a bite to eat. (간단히 먹거리를 듭시다; 요기나 합시다)
15 I want to __ my keep. (저는 밥값을 벌고(하고)싶어요)
16 __ cross는 그리스문자 T에서 고안된 십자가로 유월절에 양의 피를 바른 것 즉 구원을 상징한다.
18 light emitting diode(발광다이오드)의 약자이다.

No. 41

A	C	C	I	D	E	N	T
L	O	A	N		T	O	O
P	A	S	S	W	O	R	D
I	T	S		E	N		A
N		E	S	T		M	Y
F	N	T	I	T	L	E	
	E	T	T	E		A	M
S	T	E	E	R	I	N	G

CROSSWORD 43

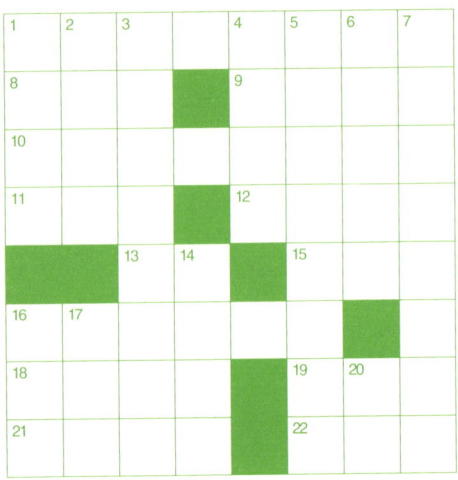

cross

1 uninsured __ (무보험운전자)
8 Investigative Reporters & Editors(전미탐사보도협회)의 약자.
9 행동, 상태, 성질 등을 나타내는 명사형을 만드는 접미사이다.
10 사순절 직전 수일간에 걸쳐 벌어지는 축전으로 지역과 시대에 따라 다양한 형태를 보인다.
11 한자로는 유(楡)라하고 뿌리껍질은 유근피라 하여 중요한 한방약재로 사용되고 있다. (느릅나무)
12 It's __ of your business. (그것은 당신이 상관할 바가 아닙니다)

13 __ is getting warm. (날씨가 따뜻해지고 있다)
15 "…하는 사람; …주의자"라는 뜻의 명사를 만드는 접미사이다.
16 __ system(미터법)이란 십진법에 의해 만든 국제도량단위계이다.
18 평면의 크기, 흔히 면적이라 한다.
19 She's my alter __. (그녀는 나의 분신이다; 둘도없는 친구이다)
21 The sound __ed my nerves. (그 소리는 나의 신경을 긁어댔다)
22 Like father, like __. (그 아버지에 그 아들이다; 부전자전)

own

1 When the cat's away, the __ will play. (고양이가 떠나면 쥐들이 설친다; 호랑이 없는 골에 여우가…)
2 take an __ examination (구두로 시험을 치르다)
3 흰개미는 외양과 조직구조가 개미와 유사하지만, 분류학상 바퀴벌레의 사촌 격으로 본다. (복수)
4 It __s cats and dogs. (비가 억수같이 퍼붓다; 개와 고양이가 싸워대는 모습처럼)
5 수출업자가 수입업자 앞으로 보내는 거래상품명세서이다. (복수형)
6 He __ a newspaper every morning. (신문을 대충 훑어본다)
7 텔레비전과 마라톤의 합성어로, 자선모금이나 개표중계등과 같은 장시간의 TV방송을 말한다.
14 A rat in a __. (독 안에 든 쥐)
16 It is his friends that make or __ a man. (사람을 만드는 것도 친구요, 망치는 것도 친구다)
17 We're living in the __ of the internet. (인터넷의 시대)
20 Where does the desk __? (책상은 어디로 가야하죠?; 책상은 어디에 놓을까요?)

No. 42

S	T	E	A	K		M	A
A	R	M		I	R	O	N
C	A	P	E	T	O	W	N
K	I	L	O		G		O
	T	O	N	G	U	E	
T	O	Y		R	E	A	I
A	R	E	N	A		R	E
U	S	E		B	E	N	D

CROSSWORD | 44

Across

1 "Dear __ or Madam"은 서신의 격식차린 서두인사이다. (근계)

4 작은 섬이라는 의미로 흔히 고유명사의 일부로만 사용된다.

8 keep sb on sb's __ (…를 긴장하게 하다; 발끝으로 서게하는)

10 He __ gone through hell. (그는 산전수전 다 겪었다; 지옥조차)

11 __ sb to do sth (…에게 …하게 지시하다; 명령하다)

13 We're getting __ calls from customers. (우리는 고객들로부터 성난 전화를 받고 있다)

14 work double __ [shifts] (밤낮으로 일하다; 전력을 다하다)

17 Iran's political crisis __. (이란의 정치위기가 심화되어간다)

20 She __ clothes shopping. (그녀는 의류쇼핑을 하러갔다)

21 __ up the water on the floor. (바닥에 물을 닦아주세요)

22 I'll __ my hat if it's true. (그게 사실이라면 나의 모자라도 먹겠다; 내 손에 장을 지지겠다)

23 He is off [on] __ today. (그는 오늘 비번이다 [당번이다])

Down

1 He did his __ in the army. (그는 군에서 복무했다; 할당량)

2 전하를 띠는 원자나 원자단을 통틀어 이르는 말이다.

3 Are you a __ here? (여기 주민이신가요?; 여기 거주하시나요?)

5 Will you keep your mouth __? (입 좀 다물어 주시겠어요?)

6 Can you help me __ up my shoes? (신발 끈을 묶는 것 좀 도와주실래요?)

7 부사나 형용사를 최상급으로 만들어주는 접미사(suffix)이다.

9 That is a dead-end __. (그 길은 막다른 길입니다)

12 The sound __ed my nerves. (그 소리는 나의 신경을 긁어댔다)

15 Your __ is worth trying. (네 생각은 시도해볼 가치가 있다)

16 __ Awards는 스포츠전문채널 ESPN 주관으로 전년도 각 부문 최우수선수를 가리는 상이다.

18 호주에 서식하는 날지 못하는 새로 타조 다음으로 크다.

19 __ me generation (자신의 잘못을 남의 탓으로만 돌리려는 세대)

20 Now, here __ are. (이제 다 왔어요; 목적지에 도착하며)

No. 43

M	O	T	O	R	I	S	T
I	R	E		A	N	C	E
C	A	R	N	I	V	A	L
E	L	M		N	O	N	E
		I	T		I	S	T
M	E	T	R	I	C		H
A	R	E	A		E	G	O
R	A	S	P		S	O	N

CROSSWORD | 45

cross

1 Nothing comes _ to a hungry man. (배고픈 사람에게 달갑잖은 건 없다; 시장이 반찬이다)

5 Time flies like _ arrow. (시간은 화살처럼 (빨리) 지나간다)

7 make a _ in … (…을 움푹 패이게 하다; …을 다소 진척시키다)

8 How long _ was it that …? (…한 것은 얼마 전 일인가요?)

9 May-_ marriage (젊은 여성과 나이 많은 남성과의 결혼)

11 Money doesn't grow on _. (돈은 거저 생기지 않는다)

13 Everyone commits _. (누구나가 실수를 저지른다)

16 조류나 곤충류의 비행기관이다.

18 현대의 엘란트라는 _(열정) + transportation의 합성어이다.

19 I'd like to _ this check. (이 수표를 현금으로 바꾸고 싶다)

20 She went to A _ B. (그녀는 B를 경유하여 A로 갔다)

21 숫양은 ram, 어린양은 lamb 그리고 암양은 _이다.

22 I couldn't _ but laugh. (나는 웃지 않을 수 없었다)

own

1 Don't forget to __ me in. (잊지 말고 나도 끼워 넣어줘요)

2 When and where shall we __? (언제 어디서 만날까요?)

3 Hot food __s my appetite. (매운 음식은 나의 식욕을 늘려줘요)

4 차의 handle(핸들)은 콩글리시, 영어로는 __ing wheel이다.

5 I'm the same __ as you. (나는 너와 같은 나이다; 동갑이다).

6 I don't know __ do I care. (알지도 못하고 관심도 없어요)

8 I __ you of your sins in the name of …. (…의 이름으로 너에게서 죄를 사하노라; 고해성사)

10 __ words won't help. (말만으로는 아무런 도움도 되지 않는다)

12 It's written all over your __. (당신의 얼굴에 다 써있어요)

14 The train went off the __s. (그 열차는 선로를 벗어났다)

15 __ out of it! (정신 차려; 무기력한 상태에서 벗어나는 모습에서)

17 Let's stick to the __. (법대로 합시다; 충실하다, 고집하다)

No. 44

CROSSWORD | 46

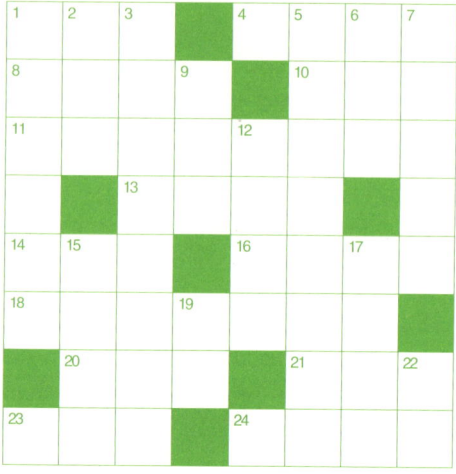

Across

1 She has the gift of __. (그녀는 말재주가 좋아요; 수다, 잡담)
4 음파나 전파 등이 물체에 부딪혀 발신 점으로 되돌아오는 현상이다.
8 __, woe is me! (아, 슬프다!)
10 I __ [was] short of money. (나는 돈이 떨어졌다)
11 She is __ all the time. (그녀는 항상 침착하지 못합니다; 들떠있는)
13 I have sore __. = My __ are sore. (나는 눈이 아픕니다)
14 한자로는 유(榆)라고 뿌리껍질은 유근피라 하여 중요한 한방약재로 사용되고 있다. (느릅나무)
16 재즈에서 가사대신 의미 없는 음절로 가사를 대신하는 창법이다
18 Please __ your password. (암호를 다시 한번 입력해주십시오)
20 Trying wouldn't do __ harm. (시도해서 해로울 것 없다)
21 New in Box의 약자로, 포장도 안 뜯은 새것이란 의미이다.
23 __-stated (자주 언급되는; 자주의 의미로 복합어를 만든다)
24 You __ out of this! (너는 이일에서 빠져있어; 개입하지마라)

own

1 __ belt는 스타킹을 거는 고리달린 거들로 섹시한 분위기를 연출하는 소품으로 사용되기도 한다.

2 씁쓸한 맛과 진한 홉의 향이 어우러진 영국특유의 맥주이다.

3 My life is a bargain __. (내 인생은 싸구려 지하매장이지. - Bon Jovi의 노래가사)

5 음력 초사흗날 해가 진 뒤 서쪽 하늘에 눈썹모양으로 뜨는 달이다.

6 He __ a good appetite. (그는 식욕이 좋다; 왕성하다)

7 The __ of fall is coming. (가을의 시작이(입추가) 다가온다)

9 I have a __ in my left eye. (나는 왼쪽 눈에 다래끼가 났다)

12 Take care, __ you catch cold. (감기 들지 않게 조심해라)

15 turn over a new __ (심기일전하다; 인생의 새장을 넘기다)

17 오페라, 칸타타 등에 나오는 선율적인 독창곡이다.

19 New York(뉴욕)주의 약자로, The Empire State라고도 불려진다.

22 Let's decide __ rock paper scissors. (가위바위보로 결정하자)

No. 45

A	M	I	S	S		A	N
D	E	N	T		A	G	O
D	E	C	E	M	B	E	R
	T	R	E	E	S		
F		E	R	R	O	R	S
A	L	A		E	L	A	N
C	A	S	H		V	I	A
E	W	E		H	E	L	P

CROSSWORD | 47

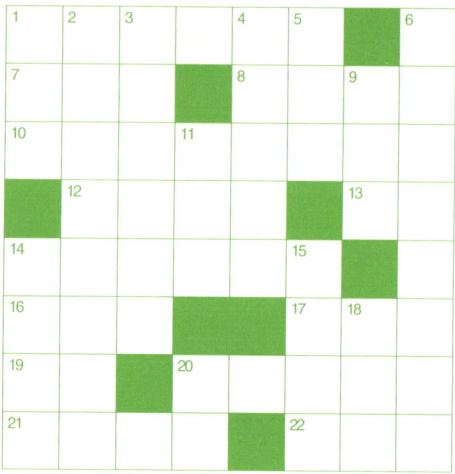

cross

1 I got a __ for speeding. (나는 속도위반으로 딱지를 뗐다)

7 Advanced Surface Ablation의 약자로, 시력교정수술의 일종이다.

8 That was __, this is now. (그때는 그때고, 지금은 지금이다)

10 야구에서 __-play란 어이없는 실수를 범하거나 흐름을 읽지 못하는 미숙한 플레이를 말한다.

12 Go jump in the __. (가서 호수에나 뛰어들어; 꺼져버려)

13 항공기재, 내식재료, 합금성분으로 사용되는 티타늄의 원소기호이다.

14 얕은 물에서 걸어 다니며 먹이를 찾는 새의 총칭이다. (섭금류)

16 estimated time of arrival (도착예정시각)의 약자이다.

17 과즙에 설탕을 넣고 물이나 탄산수로 희석시킨 혼성음료이다.

19 reply(회답, 답신)의 약자이다.

20 안네프랑크가 숨어서 일기를 썼던 장소이다.

21 기획을 세워 자료나 원고를 수집하고, 정리하여 구성하는 과정이다.

22 부사나 형용사를 최상급으로 만들어주는 접미사(suffix)이다.

Down

1 I'll pick up the __. (내가 계산서를 집어들께; 내가 낼게)

2 I felt __ from my parents. (나는 부모로부터 단절된듯 느껴졌다)

3 세계에서 두 번째로 큰 나라로, 북아메리카대륙 북부에 있다.

4 R-O-R'의 일반식으로 표시되는 화합물의 총칭이다.

5 상황으로 보아 무엇을 가리키는지 분명히 알 수 있는 단어를 지칭할 때 사용하는 관사이다.

6 __ tax(간접세)란 납세의무자와 조세부담자가 다른 조세이다.

9 What's __ing [bothering] you? (너를 괴롭히는 일이 뭐니?)

11 __ out a living (근근이 (어렵게) 생활을 해나가다)

14 Those __ the good old days. (그때가 정말로 좋았지)

15 I'm __d with milk and eggs. (난 우유와 달걀에 물렸다)

18 단어 앞에 붙어 부정이나 분리 등의 의미를 나타내는 접두사이다.

20 I'm terrible __ directions. (저는 방향감이 없어요; 길치예요)

No. 46

G	A	B		E	C	H	O
A	L	A	S		R	A	N
R	E	S	T	L	E	S	S
T		E	Y	E	S		E
E	L	M		S	C	A	T
R	F	E	N	T	E	R	
	A	N	Y		N	I	B
O	F	T		S	T	A	Y

CROSSWORD | 48

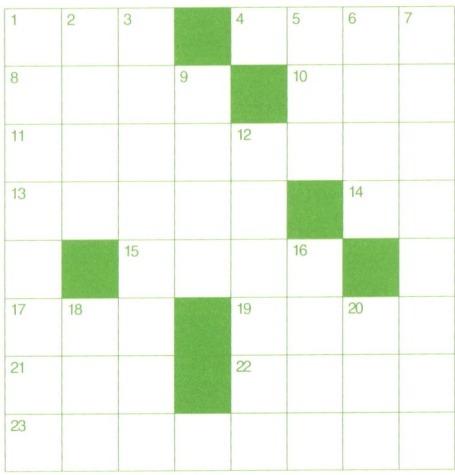

Across

1 A man __ to promise is __ to forget. (쉽게 약속하는 사람은 쉽게 약속을 잊어버린다)
4 석영, 장석과 함께 화강암 중에 있는 중요한 조암광물이다. (운모)
8 Most schools are __. (대부분의 학교들은 남녀공학이다)
10 "…특성을 지니는"이라는 뜻의 형용사를 만드는 접미사이다.
11 ocean __(해류)는 열과 수분을 운반하여 기후를 조절한다. (복수형)
13 We learn by trial and __. (우리는 시행착오에서 배워간다)
14 silicon(규소)의 원소기호이다.
15 She __ her mother. (그녀는 엄마의 흉내를 내었다)
17 __ sestry(세 자매)는 러시아의 극작가 안톤 체호프의 4막 희곡이다.
19 The die is __. (주사위는 던져졌다. - 줄리어스 시저)
21 Cryptozoic __(은생이언)에는 생물화석들이 거의 발견되지 않는다.
22 bark up the wrong __ (헛다리 짚다; 엉뚱한 나무에 대고 짖는다)
23 He __ from further chase. (그는 더 이상의 추격을 단념했다)

own

1 I got __ to ABC university. (나는 ABC 대학에 합격했다)

2 It never rains but it __s. (비가 오면 퍼 붓는다; 화불단행)

3 various __ and climates (다양한 지형과 기후들)

5 전하를 띠는 원자나 원자단을 통틀어 이르는 말이다.

6 This new knife __ well. (이 새 칼은 잘 듭니다; 잘 잘린다)

7 미국의 오리건州는 소생가능성이 없는 말기환자의 바람에 따라 physician __ suicide(의사조력자살)을 허용하고 있다.

9 Many __s make a shower. (많은 물방울이 소나기를 만든다)

12 When faced with danger, it __ its tail. (위험에 직면했을 때 그 동물은 꼬리를 세운다)

16 __s(다츠)는 1에서 20까지 숫자가 적힌 과녁판에 다트 핀을 던져 미리정한 숫자에서 먼저 0점에 이르는 사람이 승자가 되는 게임이다.

18 return on equity(자기자본이익률)의 약자로 기간이익을 자기자본으로 나누어서 계산한다.

20 I hope to __ more of you. (당신을 자주 뵙고 싶습니다)

No. 47

T	I	C	K	E	T		I
A	S	A		T	H	E	N
B	O	N	E	H	E	A	D
	L	A	K	E		T	I
W	A	D	E	R	S		R
E	T	A			A	D	E
R	E		A	T	T	I	C
E	D	I	T		E	S	T

CROSSWORD | 49

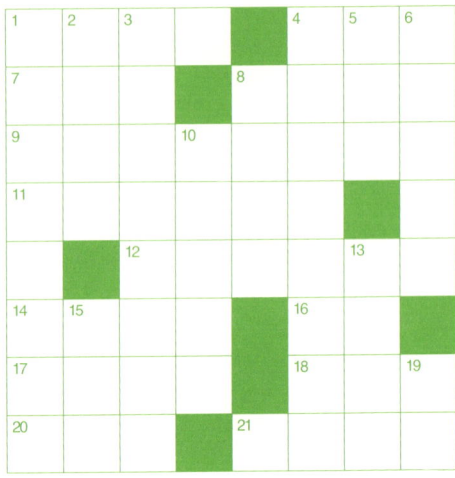

Across

1 Old soldiers never die, they just __ away. – 맥아더 장군

4 It's a __ chance. = It's a slim chance (그건 가능성이 희박해요)

7 __ is just a state of mind. (나이는 단지 생각하기 나름이다)

8 쐐기모양의 굄돌을 개구부에 곡선적으로 쌓아올린 구조물이다.

9 Please __ this form in full. (이 서식을 빈틈없이 채워주십시오)

11 자신만의 이익을 위해 살아가는 현대인의 모습은 아닌지…

12 __s make the man. (옷이 사람을 만든다; 옷이 날개다)

14 야드파운드법의 면적의 단위로, 1__ = 4047m^2 = 1224평이다.

16 라틴어 id est(= that is)의 약자로, '즉'이라는 의미이다.

17 All __s lead to Rome. (모든 길은 로마로 통한다)

18 Non Alcoholic Beverage(비알콜성 맥야음료)의 약자이다.

20 __ the i's and cross the t's. (꼼꼼하게 일을 하다; 점을 찍다)

21 raise its __ head (그 추악한 얼굴을 들다; 사회 현상 등이)

Down

1 사람을 묘사하는 카드로 Jack, Queen, King을 의미한다. (두 단어)
2 The news set the town __. (그 소식은 마을을 들썩이게 했다)
3 (美) 민주당원 ↔ republican
4 __ about it won't help. (그것에 관해 안달해야 소용없다)
5 __ your age, not your shoe size. (신발치수 말고, 나이대로 행동해라; 서양에선 보통 inch를 기준으로 신발치수가 정해지는 데서)
6 __ is nothing to lose. (잃을 것이 없다; 밑져봐야 본전이다)
8 Not only does he sing, but __ plays the piano. (그는 노래뿐만 아니라 피아노도 친다)
10 The laundry has __ up. (빨래감들이 쌓여있다)
13 Time __s all sorrows. (시간은 모든 슬픔을 치료한다)
15 bill and __ (연인들이 애무하며 속삭이다; 비둘기가 부리를 비벼대며 정답게 울어대는 모습에서)
19 Don't judge people __ their appearance. (사람들을 겉모습으로 판단하지마라; 전치사)

No. 48

A	P	T		M	I	C	A
C	O	E	D		O	U	S
C	U	R	R	E	N	T	S
E	R	R	O	R		S	I
P		A	P	E	D		S
T	N	I		C	A	S	T
E	O	N		T	R	E	E
D	E	S	I	S	T	E	D

CROSSWORD | 50

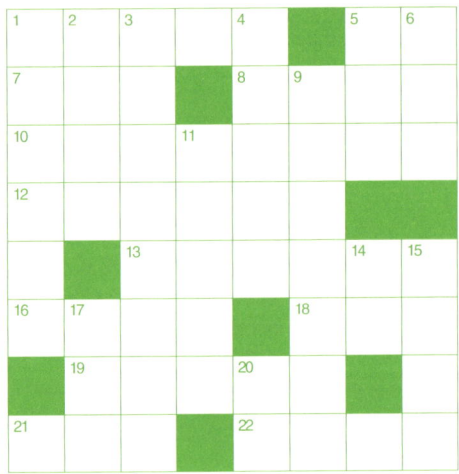

Across

1 Germany is __ for its beer. (독일은 맥주로 유명하다)

5 Who __ I speaking to? (전화하시는 분은 누구시죠?)

7 과즙에 설탕을 넣고 물이나 탄산수로 희석시킨 혼성음료이다.

8 야드파운드법의 면적의 단위로, 1__ = 4047m² = 1224평이다.

10 수정체가 흐려져서 시력장애를 일으키는 안질환이다. (백내장)

12 We have double __. (화면이 이중으로 보인다; 영상, 형상)

13 He received twenty __ for attempted theft. (그는 절도미수에 대해 20대의 채찍을 맞았다)

16 __ down water (물을 꿀꺽꿀꺽 마시다; 목 아래로 내려가는)

18 __ weeds grow fast. (미운 놈이 활개 친다; 빠르게 자라나는 잡초의 속성에서 나온 표현이다)

19 nephew가 남자조카라면 __는 여자조카를 이르는 말이다.

21 __ him! (덤벼들어; 개에 대한 명령으로 쉭쉭하며 개를 부추기다)

22 Sorry, you __ a blank. (미안해요, 꽝입니다; 꽝을 뽑다)

own

1 She lives in a house __ south. (그녀는 남향집에 살고있다)
2 __'s apple(목젖)은 이브의 유혹에 넘어가 선악과를 먹다가 하나님의 부르심에 놀라 후두에 걸려서 생겨난 것이라고 한다.
3 __ bond(금속결합)은 금속의 양이온과 자유전자 사이의 정전기적 인력에 의하여 형성된 결합이다.
4 Faith __ to fail. (믿음은 실패를 두려워하지 않는다; 감히 …하다)
5 draw a circular __ (원호를 그리다; 원주상의 두 점 사이…)
6 I shouldn't have __ you. (당신을 만나지 말았어야 했어요)
9 __'s check(자기앞수표)란 수표의 발행인이 자신을 지급인으로 하여 발행한 수표를 말한다.
11 __(아가페)란 기독교에서 말하는 무조건적인 사랑을 말한다.
14 Elevated railway (고가철도)
15 __ and steady wins the race. (느리지만 한결같은 자가 경주를 이긴다; 대기만성)
17 user-network interface(사용자-망 인터페이스)의 약자이다.
20 Cash Dispenser(현금지급기)의 약자이다.

No. 49

F	A	D	E		F	A	T
A	G	E		A	R	C	H
C	O	M	P	L	E	T	E
E	G	O	I	S	T		R
C		C	L	O	T	H	E
A	C	R	E		I	E	
R	O	A	D		N	A	B
D	O	T		U	G	L	Y

CROSSWORD | 51

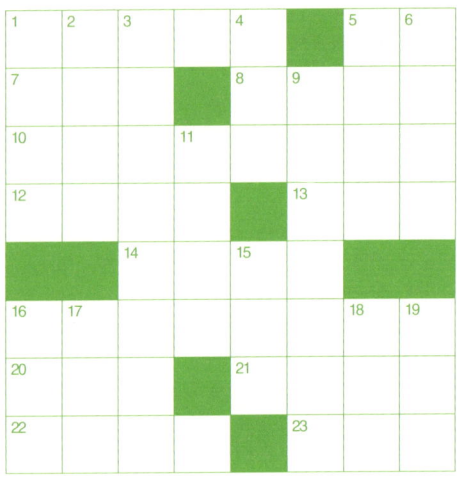

cross

1 Whatever you have, __ less. (가진것이 무엇이든 적게 소비하라)
5 decibel(데시벨)의 약자로 소리의 강도를 측정하는 단위이다.
7 청동기시대에는 구리와 주석의 합금인 청동이 사용되었다. (sn)
8 희망과 순결을 상징하는 10월의 탄생석이다.
10 What do these figures __? (이 수치들은 무엇을 나타내는가?)
12 __ between the lines (행간의 뜻을 읽다; 숨은 뜻을 읽다)
13 His face turned beet __. (그의 얼굴은 홍당무가 되었다)
14 He is such a __ freak. (그는 깔끔 떠는 결벽증환자다)
16 An __ is a musician who plays the organ. (오르간연주자)
20 Friends of the Earth(지구의 벗)의 약자로, 국제환경보호단체이다.
21 __ John [Jane] letter는 남재[여자]에게 보내는 절교편지이다.
22 관다발식물 중 꽃이 피지 않고 포자로 번식하는 종류이다. (양치류)
23 I have a __ in my left eye. (왼쪽눈에 다래끼가 났다)

own

1 _ up a hornet's nest (벌집을 건드리다; 말썽을 일으키다)

2 ride the _ (美속어) (경기에서) 벤치신세를 면하지 못하다.

3 Smoking __s your health. (흡연은 당신의 건강을 위태롭게 합니다)

4 Give it to me straight, __. (솔직하게 말씀해주세요, 의사 선생님)

5 It's out of _ [fashion]. (그것은 시대에 뒤졌다; 유행이 지났다)

6 My gums _ when I brushed my teeth. (…때 잇몸에서 피가났다)

9 What do political _ do? (정당들은 무슨 일을 하는거죠?)

11 It sounds like a good _. (그것은 좋은 생각처럼 들리네요)

15 Let's forgive _ forget. (지난 일은 용서하고 잊읍시다)

16 Math really turns me __. (수학은 정말 나를 질리게 한다; 전원을 끄듯 흥미를 없애버리는 모습에서)

17 Caviar is the salted _ of the sturgeon. (캐비어는 소금에 절인 철갑상어의 알이다)

18 He _ with his arms folded. (그는 팔짱을 낀 채로 앉아있었다)

19 I'll give it a _ [shot]. (내가 그것을 한번 시도해 볼께)

No. 50

F	A	M	E	D		A	M
A	D	E		A	C	R	E
C	A	T	A	R	A	C	T
I	M	A	G	E	S		
N		L	A	S	H	E	S
G	U	L	P		I	L	L
	N	I	E	C	E		O
S	I	C		D	R	E	W

CROSSWORD | 52

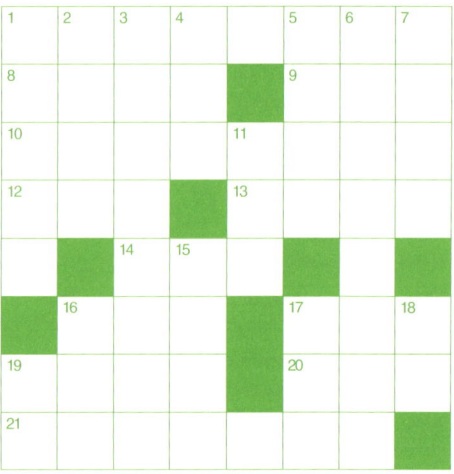

cross

1 One __ is allowed on the entire journey. (모든 여정에서 한 번의 일시체류가 허용된다)
8 He __ his shirt on a nail. (그는 못에 걸려 셔츠가 찢어졌다)
9 국명에 이것이나 an을 붙이면 사람이나 언어를 뜻하게 된다.
10 They will __ a global boycott campaign. (그들은 세계적인 불매운동을 시작할 것이다)
12 I have a knot in my __. (나는 다리에 알이 배었어요)
13 __ dog race (개 썰매경주)
14 That's just the way __. (그것이 내가 살아가는 방식이죠)
16 (美) 호텔보다는 못하지만, 모텔보다는 나은 숙박시설이다.
17 호주(濠洲)에 서식하는 날지 못하는 새로 타조다음으로 크다.
19 The __ is still up in the air. (그 계획은 아직 미정이다)
20 Please say __. = Don't say no. (제발 허락해 주세요)
21 Food and beverages aren't __. (음식음료는 반입이 금지된다)

Down

1 __ waters run deep. (고요한 물은 깊이 흐른다; 현자과언)
2 I'm __-deaf. = I can't carry a tune. (나는 음치이다)
3 __ sin(원죄)란 인간자체의 불완전성에서 오는 죄 된 성품이다.
4 인간과의 공생관계에서 오는 즐거움을 얻기 위해 기르는 동물이다.
5 젖을 떼지 않은 송아지의 고기로 풀을 뜯게 되면 이러한 고기의 특성이 사라지게 된다고 한다.
6 His musicality is highly __. (그의 음악성은 높이 평가받는다)
7 Man is a thinking __. (인간은 생각하는 갈대이다)
11 행위, 주의, 특성 등의 뜻을 지닌 추상명사를 만들어주는 접미사이다.
15 AD는 __ Domini의 약자로, 그리스도 기원 즉 서력을 의미한다.
16 __ got, __ spent. (부정하게 얻은 돈은 얼마가지 못한다; 서투르게 사용되어 이내 없어지는)
17 Beauty is in the __ of the beholder. (아름다움은 보는 사람의 눈에 있다; 제 눈에 안경이다)
18 That makes __ even. (그로서 우리는 비겼다; 피장파장이다)
19 유아어로 ma(엄마)의 반대말.

No. 51

S	P	E	N	D		D	B
T	I	N		O	P	A	L
I	N	D	I	C	A	T	E
R	E	A	D		R	E	D
		N	E	A	T		
O	R	G	A	N	I	S	T
F	O	E		D	E	A	R
F	E	R	N		S	T	Y

CROSSWORD | 53

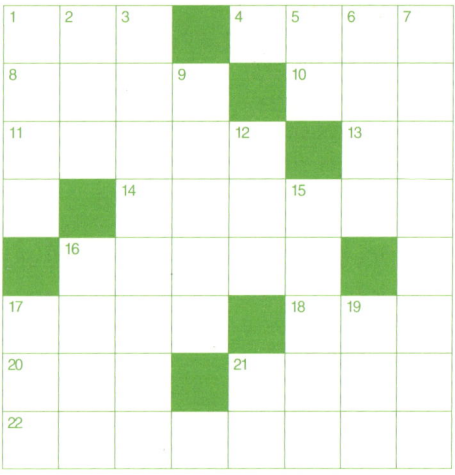

1 __ news has wings. (나쁜 소식은 빨리 퍼진다; 날개가 달린듯)
4 I'm exhausted. = I'm __ out. (나는 완전히 지쳤다; 닳아 없어지듯)
8 The news set the town __. (그 소식은 마을을 들썩이게 했다)
10 Friends of the Earth(지구의 벗)의 약자로, 국제환경보호단체이다.
11 Charity __s at home. (자선은 가정에서(자기 주변에서) 시작된다)
13 That's the way I am. = That's __. (나는 원래 그래요)
14 close __란 요트의 뱃머리를 바람 받이 쪽으로 최대한 기울인 자세로 몰고가는 상태를 말한다.
16 __ Carlo(몬테카를로)와 라스베이거스는 카지노로 유명하다.
17 We put the enemy to __. (우리는 적군을 패주(敗走)시켰다)
18 과즙에 설탕을 넣고 물이나 탄산수로 희석시킨 혼성음료이다.
20 Advertisements의 줄임말이다.
21 __ often the case (with) (…에겐 흔히 있는 일이지만; 두 단어)
22 "비할 데 없는"이라는 의미로, 화장품회사의 상호명이기도…

Down

1 When is your __ due? (아기의 출산예정일이 언제인가요?)

2 You look young for your __. (나이에 비해 젊어 보이네요)

3 Now I'm really in the __. (지금 나는 정말 체면을 구겼어; 개집)

5 The foot __ the candle is dark. (등잔 밑이 어둡다; 전치사)

6 __ was not built in a day. (로마는 하루 아침에 이루어지지 않았다)

7 It is __ to say that …. (…것은 두 말할 필요도 없다)

9 조지 스티븐스 감독의 영화로 제임스 딘의 유작이기도 하다.

12 You are driving me __s. (너는 나를 미치게 한다; 견과류)

15 이용자가 선정하는 기계 설비를 구입, 장기대여하고 수수료를 받는 시설대여제도를 의미한다.

16 컴퓨터에서 특정한 작업을 할 수 있는 상태를 이르는 용어이다.

17 take the __ for … (…대해 벌을 받다; …대신 벌을 받다)

19 단어 앞에 붙어 부정이나 분리 등의 의미를 나타내는 접두사이다.

21 메이저리그는 NL(내셔널리그)와 __(아메리칸리그)의 양대 리그로 이루어져있다.

No. 52

S	T	O	P	O	V	E	R
T	O	R	E		E	S	E
I	N	I	T	I	A	T	E
L	E	G		S	L	E	D
L		I	A	M		E	
	I	N	N		E	M	U
P	L	A	N		Y	E	S
A	L	L	O	W	E	D	

CROSSWORD | 54

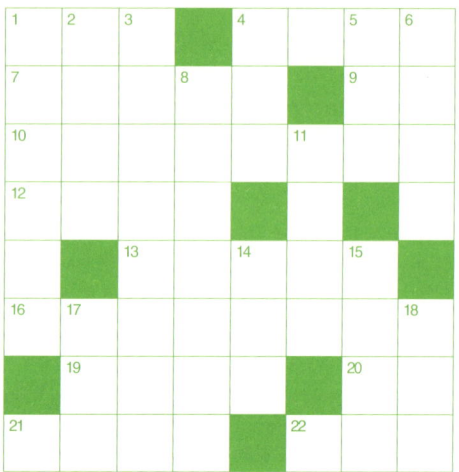

cross

1 Uncle __ (엉클 샘)은 풍자만화에 등장하는 미국을 상징하는 인물이다.
4 학과목의 단위 또는 각종 기기 등을 세는 단위로도 사용된다.
7 (건물) 출구; (배우) 퇴장 (복수형)
9 lithium(리튬)의 원소기호, 가장 가벼운 금속원소이다.
10 I had it from __ source. (…믿을만한 소식통에게서 입수했다)
12 작은 섬이라는 의미로 흔히 고유명사의 일부로만 사용된다.
13 He's the __ man for the job. (그는 그 일에 이상적인 사람이다)
16 근로자의 노고를 위로하고 근로의욕을 고취하기 위해 제정된 휴일로서 매년 5월1일이다. (노동절)
19 The darkest hour is just before the __. (가장 어두운 시간은 동이트기 직전이다; 최악의 상태는 호전의 일보직전이다)
20 Would you do __ a favor? (제게 부탁하나 들어주시겠어요?)
21 스위스 중서부에 위치한 스위스의 수도이자 베른주의 주도이다.
22 He is not what he __. (그는 과거의 그가 아닙니다)

own

1 __ murder(연쇄살인)이란 일정한 냉각기를 갖고 연속적으로 불 특정인을 살해하는 행위이다.

2 The god gave him all three __. - 금도끼 은도끼

3 기압의 단위로 사용했으나 요즈음에는 헥토파스칼을 사용한다.

4 United States of America(미합중국)의 약자이다.

5 (Better) untaught than __ taught. (부실하게 배운 것보다 배우지 못한 것이 낫다)

6 It consists of three __s. (그것은 삼단으로 이루어져있다)

8 __ your mother __ (엄마를 꽁꽁 묶어라)는 퀸의 노래로 파티에 가지 못하게 말리는 엄마를 묶어놓고라도 파티에 나오라는… (두 단어)

11 count one's __s (염주를 돌리며) 기도를 올리다.

14 흰꼬리수리는 천연기념물 제243호로 지정되어 보호받고 있다.

15 티베트불교에서 정신적인 스승을 지칭하는 말이다.

17 과즙에 설탕을 넣고 물이나 탄산수로 희석시킨 혼성음료이다.

18 __-man (윗사람의 말에 그저 예예 하는 사람) ↔ no-man

No. 53

B	A	D		W	O	R	N
A	G	O	G		F	O	E
B	E	G	I	N		M	E
Y		H	A	U	L	E	D
	M	O	N	T	E		L
R	O	U	T		A	D	E
A	D	S		A	S	I	S
P	E	E	R	L	E	S	S

CROSSWORD 55

Across

1 He came last in the __. (그는 경주에서 꼴등으로 들어왔다)
5 국가나 단체의 정보를 탐지하여 대립하는 상대에게 제공하는 자이다.
8 컴퓨터에 지시하는 명령을 화면상에 그림으로 나타낸 것이다.
9 값어치 있는 광물을 함유하고 채산성이 보장되는 암석을 말한다.
10 베란다가 달린 목조 단층집이다.
12 제정 러시아시대 황제의 칭호로, 라틴어의 카이사르에서 유래한다.
13 Plaintiff __ Defendant (원고 대 피고; versus의 약자)
14 To __ or not to __, that is the question. (햄릿의 독백)
15 몽골어로 풀이 잘 자라지 않는 거친 땅이라는 의미를 갖는다.
17 북미의 아메리카들소와 동유럽의 유럽들소에 대한 총칭이다.
18 He won __ as a writer. (그는 작가로서 명성을 얻었다)
21 His name doesn't __ a bell. (그의 이름이 떠오르지 않아요; 머릿속에 벨이 울리듯이…)
22 짐승이 사는 굴이나 도둑들이 숨어사는 장소를 말하기도 한다.

Down

1 12쌍의 이것은 연골로 연결되어 사람의 주요장기들을 보호한다.
2 __ pneumonia 급성폐렴 ↔ chronic pneumonia (만성폐렴)
3 weigh (up) the Pros and __ (찬반양론의 득실을 가늠하다)
4 She has an __ smile. (그녀는 매력적인 미소를 가지고 있다)
5 고체인 콜로이드 입자가 액체인 분산매에 콜로이드상태를 이루고 있는 유동성의 액체를 말한다.
6 South Korea has nine __s. (한국은 9개의 도를 가지고 있다)
7 주목나무는 살아서 천년 죽어서 천년을 간다고 알려져 있다. (복수형)
11 A great storm __ on the sea. (엄청난 폭풍이 바다에서 일었다)
14 I have a __-belly. (나는 술 배가 나왔다; 똥배가 나왔다)
16 junk __(정크본드)는 신용등급이 낮은 발행기관에서 발행하는 고 위험, 고수익 채권이다.
17 loony __ (속어) 정신병원
19 Military Intelligence(영국군사정보부)의 약자로 코드넘버 007의 소속기관으로도 유명하다.
20 명사 또는 형용사 뒤에 붙어 "…하게 하다"라는 동사를 만든다.

No. 54

memo.

S	A	M		U	N	I	T
E	X	I	T	S		L	I
R	E	L	I	A	B	L	E
I	S	L	E		E		R
A		I	D	E	A	L	
L	A	B	O	R	D	A	Y
	D	A	W	N		M	E
B	E	R	N		W	A	S

CROSSWORD | 56

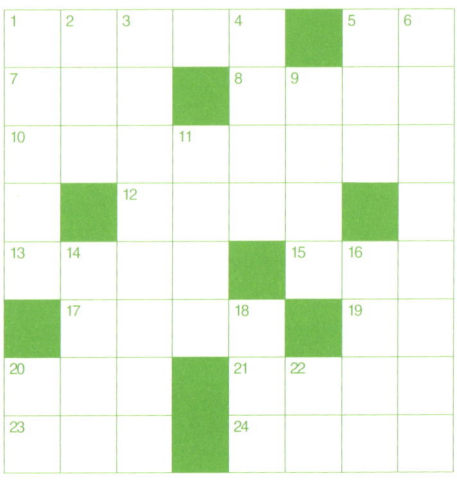

cross

1 Her words carry a __. (그녀의 말에는 가시가 돋쳤다)
5 He toss__ and turns all night. (그는 밤새도록 뒤척인다)
7 Out of the frying __ into the fire. (갈수록 태산이다; 납작한 냄비)
8 I want to __ my keep. (저는 밥값을 벌고(하고) 싶어요)
10 I'd like to __ A for B. (A를 B로 교환하고 싶습니다)
12 It's __ to see snow here. (이곳에서 눈을 보는 것은 드물다)
13 He runs like a __. (그는 사슴처럼 달린다; 정말 빨리 달린다)
15 All is fair in love and __. (사랑과 전쟁에선 모든 것이 정당하다)
17 지붕이나 벽속에 엮는 윗가지.
19 do, re, __, fa, sol, la, si
20 A hungry __ eats any straw. (주린 당나귀는 짚을 가리지 않는다)
21 __ a worm will turn. (지렁이도 (밟으면) 꿈틀댄다; 지렁이 조차)
23 Monkey __, Monkey do. (아이들은 본대로 행동한다)
24 I heard a little bird __ so. (누군가 그렇게 말하는 것을 들었다)

Down

1 More haste, less __. (급할수록 돌아가라; 속도를 늦춰라)
2 Does the price include __? (세금이 포함된 가격인가요?)
3 Hot food __s my appetite. (매운 음식은 나의 식욕을 늘려줘요)
4 shift into high __ (기어를 고속으로 바꾸다; 속력을 올리다)
5 CGS단위계의 일의 단위로 1__ = 1dyn·cm = 10^{-7}J이다.
6 He's always __ at my …. (그는 항상 나의 …에 냉소적이다)
9 Now, it's time to begin your life __. (이제, 당신의 인생을 다시 (새로) 시작할 때입니다)
11 The __ and the Vine (숫 사슴과 포도나무 – Aesop's Fables)
14 His mind's on something __. (그의 마음은 콩밭에 가있다; 무엇인가 다른쪽을 향해있다)
16 기독교에서 기도 끝에 하는 말로 그리되게 하소서라는 의미이다.
18 home electronics system(가정전자시스템)의 약자이다.
20 It's __ good __ it costs. (비싼만큼이나 값을 하는군요)
22 Ⅳ, Ⅴ, __, Ⅶ, Ⅷ (4, 5, 6, 7, 8 – 로마숫자)

No. 55

R	A	C	E		S	P	Y
I	C	O	N		O	R	E
B	U	N	G	A	L	O	W
	T	S	A	R		V	S
B	E		G	O	B	I	
E		B	I	S	O	N	
E	M	I	N	E	N	C	E
R	I	N	G		D	E	N

CROSSWORD 57

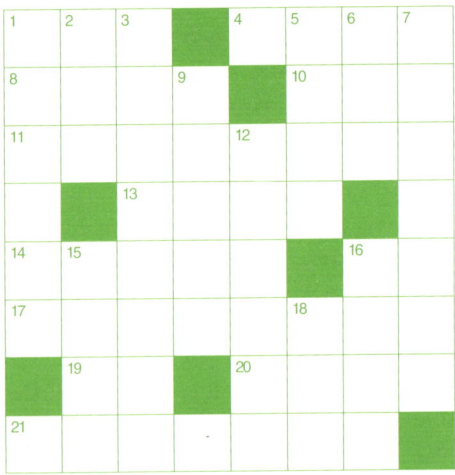

Across

1 She is as poor __ church mouse. (… 매우 가난하다; 두 단어)
4 Old people with Active Life의 약자로 고령화 사회의 주축으로 활동적인 삶을 살고 있는 노인들을 의미한다. (일본의 유행어)
8 암사슴은 doe 새끼사슴은 fawn 숫 사슴은 __이다.
10 조류나 곤충류의 비행기관으로, 한자로는 조류의 날개를 익(翼), 곤충류의 날개를 시(翅)라 한다.
11 VCR은 video cassette __의 약자로, VTR이라고도 한다.
13 __ koreana(노랑붓꽃)은 한국특산식물로 꽃말은 좋은 소식이다.
14 CAD란 컴퓨터를 이용한 설계로 computer __ design의 약자이다.
16 Is it a __ or she? (남자예요 여자예요?; 성별을 물으며)
17 I dreamed a __ dream. (나는 무서운 꿈을 꿨다)
19 It's __ sale for ten dollars. (할인해서 10달러예요; 전치사)
20 (뱀장어같이) 미끈미끈한
21 전기적 에너지를 전파로 바꾸거나 전파를 수신하는 장치이다.

own

1 Have you ever been __? (외국에 나가보신 적 있으세요?)

2 I'm going to __ you for …. (…대해 당신을 고소하겠어요)

3 It was an __ waiting to happen. (예고된 사고였어요)

5 The break __ have worn out. (브레이크패드가 닳았어요)

6 씁쓸한 맛과 진한 홉의 향이 어우러진 영국특유의 맥주이다.

7 He is __ engaged in writing. (그는 주로 저작중이다)

9 일찍이 아시아의 황금시기에 빛나던 등불의 하나인 __ 그 등불 다시 한 번 켜지는 날에…

12 She was __ with guilt. (그녀는 죄책감에 시달렸다; 등에 태운)

15 Strike while the __ is hot. (쇠는 달구어졌을 때 쳐라)

16 하와이의 민속춤으로, 말 그대로 춤을 춘다는 의미이다.

18 늪의 일종으로 사초나 갈대 등의 수생식물들이 밀생하여 수면을 뒤덮은 저층습원지대이다.

No. 56

CROSSWORD | 58

Across

1 타인의 취향이나 의견 속에 자신의 취향이나 생각을 녹여 사람들이 볼 수 있게 시각화하는 사람이다.

7 __'s apple(목젖)은 금단의 열매가 목에 걸려 생겨났다는…

8 Tread __ a worm and it will turn. (지렁이도 밟으면 꿈틀한다)

9 He and I are not on speaking __s. (그와 나는 말도 안하는 사이다; 흔히 일시적인 다툼으로 인해)

10 Easy come, easy __. (쉽게 얻은 것은 쉽게 없어진다)

12 __ed species는 멸종위기에 처한 동식물의 종을 의미한다.

14 __ takes two to tango. (탱고를 추려면 두 사람이 필요하다)

15 The __ forget, the young don't know. (늙은이는 잊기 잘하고, 젊은이는 분별이 없다)

17 You are driving me __. (너는 나를 미치게 하는구나)

18 Pour water __ a duck's back. (오리등에 물붓기; 헛수고)

20 Misfortunes tell __ what fortune is. (불행은 우리에게 행복이 무엇인지 말해준다)

Down

1 When is the due __? (마감일이 언젠가요?; 언제까지 내야해요?)
2 East of __(에덴의 동쪽)은 "카인과 아벨"을 기초로한 존 스타인벡의 동명소설을 영화화한 작품이다.
3 We're packed in like __s. (콩나물시루처럼 만원이군요; 통조림속 정어리처럼 꽉차있는 모습에서)
4 Stop being so __! = Act your age! (철 좀 들어라, 나이값을 해라!)
5 Much caution does __ harm. (조심해서 해로울 것 없다)
6 __'s coefficient(엥겔계수)는 가정의 소비지출에서 차지하는 식료품비의 지출비율을 의미한다.
11 I was just obeying __. (저는 그저 명령에 따랐을 뿐입니다)
13 Oh, my __! It's really late! (아니, 이런! 굉장히 늦었네!)
16 Think of the end before __ begin. (시작 전에 끝을 생각하라)
19 Plaintiff __ Defendant (원고 대 피고; versus의 약자)

No. 57

A	S	A		O	P	A	L
B	U	C	K		A	L	A
R	E	C	O	R	D	E	R
O		I	R	I	S		G
A	I	D	E	D		H	E
D	R	E	A	D	F	U	L
	O	N		E	E	L	Y
A	N	T	E	N	N	A	

CROSSWORD 59

Across

1 Fringe __이란 비주류문화의 창작 활성화와 이를 통한 문화적 다원주의를 실현하는 예술제이다.

7 Can't we start our love __? (우리 다시(새로) 사랑할 수 없을까?)

8 I am a __ of Seoul. (저는 서울 토박이입니다)

10 There is nothing __ under sun. (태양아래 새로운 것이란 없다; 모든 일들은 항상 있어왔다)

11 Have you ever had the __-year itch? (권태기가 있었나요?; 서양에서는 7년만에 찾아온다는)

13 Are you a man __ a mouse? (남자야 아니면 생쥐야?; 겁쟁이)

14 씁쓸한 맛과 진한 홉의 향이 어우러진 영국특유의 맥주이다.

15 I'll pick up the __. (내가 계산서를 집어들께; 내가 낼게)

17 The brave __ the beauty. (용기 있는 자가 미인을 얻는다)

18 남성동성애자를 지칭하는 용어로 쓰인다. ↔ lesbian(여성동성애자)

19 A golden __ opens every door. (황금열쇠는 모든 문을 연다; 돈으로 안 되는 일은 없다)

own

1 I'm a great __ of yours. (저는 당신의 열렬한 팬입니다)

2 porcelain __(법랑)은 금속표면에 유리질을 입히고 고온에서 구워 내구성을 증대시킨 용기이다.

3 I __ the alarm for 6 am. (자명종을 6시에 맞춰놓았다)

4 The vine __d around the tree. (덩굴이 나무를 휘감았다)

5 We have a room with a __. (전망 좋은 방이 있습니다)

6 She has just gone into __. (그녀는 막 진통을 시작했다; 힘드는 일)

9 He __ed his anger on his dog. (그는 개에게 화를 터뜨렸다)

11 We __ a song together. (우리는 함께 노래를 불렀다)

12 It's __ nice of you to say so. (그렇게 말씀해주시다니 당신은 정말 친절하시군요)

13 He __s the speed limit. (그는 제한 속도를 잘 지켜요; 복종하듯)

16 Act your __! = Stop being so immature! (나이 값을 해라!; 철없이 굴지마라!)

No. 58

D	E	S	I	G	N	E	R
A	D	A	M		O	N	
T	E	R	M			G	O
E	N	D	A	N	G	E	R
		I	T		O	L	D
Y		N	U	T	S		E
O	V	E	R		H		R
U	S		E				S

memo

CROSSWORD | 60

Across

1 He is such a pain in the __. (그는 정말 목엣 가시이다)

3 After a thrifty father, a prodigal __. (검소한 아버지 뒤에 방탕한 자식이 생긴다)

5 It occurred in broad __. (그 일은 백주대낮에 일어났어요)

9 Let's go somewhere __. (다른 어딘가로 가요; 다른 데로 가요)

10 He's smiling from __ to __. (그는 입이 귀에 걸려있다)

11 "…병에 걸린"이라는 뜻으로 -osis로 끝나는 명사의 형용사형을 만들어주는 접미사이다.

13 Truth fears __ trial. (진실은 어떠한 시련도 두려워하지 않는다)

14 미국광고주협회(Association of National Advertisers)의 약자이다.

15 Opportunity __ knocks twice. (기회는 두 번 노크하지 않는다; 두 번 찾아오지 않는다)

18 __-dokey는 okay의 변형으로 "그렇다 마다요"라는 뜻이다.

own

1 평소에 옷을 입는 사람이 어떠한 목적이나 의의가 있어서 나체가 되었을 경우를 말하는 용어이다.

2 본래 수정을 나타내는 말이지만 산화연과 탄산칼륨의 배합으로 만들어낸 유리제품을 말하기도 한다.

3 약용의 샐비어라고도 부르는, 예로부터 알려져 온 약용식물이다.

4 _ compound는 유기화합물의 탄소원자에 니트로기가 결합하여 있는 R-NO2의 총칭이다.

6 Leave well enough _. (충분히 (그대로) 좋은건 내버려둬라; 괜히 긁어 부스럼 만들지 마라)

7 하와이에서 환영이나 작별의 징표로 사용하는 화환(花環)이다.

8 Don't bite the _ that feeds you. (먹여주는 손을 물어뜯지 마라; 배은망덕하지마라)

12 I _ my own meals. (저는 직접 식사를 해먹습니다)

14 May I _ you a favor? (당신에게 부탁을 해도 될까요?)

16 Bitters _ good to the stomach. (입에 쓴 약이 몸에는 좋다; 좋은 약은 입에 쓰다)

17 That's the way I am. = That's _. (나는 원래 그래요)

No. 59

F	E	S	T	I	V	A	L
A	N	E	W		I		A
N	A	T	I	V	E		B
	M		N	E	W		O
S	E	V	E	N		O	R
A	L	E		T	A	B	
N		R			G	E	T
G	A	Y		K	E	Y	

CROSSWORD | 61

Across

1 It's an invasion of __. (그것은 사생활의 침해예요)

6 Who's your favorite __? (가장 좋아하는 시인은 누군가요?)

8 __s are stubborn things. (사실은 단호한 것이다; 진실은 밝혀지게 마련이다)

10 I'm locked out of my __. (차 안에 열쇠를 두고 내렸어요)

11 How __ you do this to me? (어떻게 내게 (감히) 이럴 수 있어?)

12 I'll put him behind __s. (나는 그를 감옥에 쳐 넣을 거야; 그를 철 창 뒤에 놓는 모습에서)

13 Let bygones __ bygones. (지 나간 일은 지나간 일로 내버려둬라; 과거에 미련을 두지마라)

14 __ 반죽에 밀크, 설탕, 버터 등을 넣어 만든 것이 초콜릿이다.

16 He didn't go to work for 3 days in a __. (그는 연달아 3일 동 안 결근했다; 한줄로 이어진)

17 러시아어 발음 카자크(kazak)에 서 바뀐 말로 기마병 전사를 뜻하지 만, 본래 터키어로 모험, 자유인이라 는 의미에서 유래한다.

Down

2 세계최초로 컬러TV를 발명한 회사로 1987년 미국의 GE를 거쳐 프랑스 톰슨 사에 매각되었다.

3 Associated Press(연합통신)의 약자로, UPI와 함께 세계최대의 통신사의 하나로 비영리법인이다

4 __ Cola는 맥도널드와 함께 미국 문화의 상징이자 자본주의의 첨병의 역할을 수행해왔다.

5 특정지역이나 분야에 관해 최신동향이나 통계 등을 내용으로 1, 2년마다 간행되는 출판물이다. (연감)

7 The __ must be bent while it is young. (나무는 어릴 때 휘어잡아야만 한다)

8 Smart __(스마트직물)이란 특수 소재나 초소형 칩을 사용하여 다양한 디지털기술을 실현할 수 있도록 의류에 접목시킨 것을 말한다.

9 동물들의 연기나 사람들의 묘기를 하나로 묶어서 조직적인 공연으로 만들어놓은 것을 말한다.

11 doctor를 짧게 이르는 말이다. Give it to me straight, __. (솔직하게 말씀해주세요, 의사 선생님)

15 draw a circular __ (원호를 그리다; 원주의 두 점 사이…)

No. 60

N	E	C	K		S	O	N
U		R		A		I	
D	A	Y	L	I	G	H	T
E	L	S	E		E	A	R
	O	T	I	C		N	O
A	N	A		O		D	
S	E	L	D	O	M		
K			O	K	E	Y	

CROSSWORD | 62

Across

1 __ Effect란 1월의 주가상승률이 다른 달에 비해 상대적으로 높게 나타나는 특이현상을 말한다.

6 I __ until my stomach was full. (나는 배가 부를 때까지 먹었다)

7 Clothes __ not make the man. (옷이 사람을 만드는 것은 아니다; 겉만 보고 사람을 평가하지 마라)

9 She's got __ it takes. (그녀는 필요한 것을 다 갖추었다; 자격요건)

10 Never __ never. (절대로 안 된다고 절대로 말하지 마라; 인생에는 좋은 날도 궂은 날도 있는 법이다)

12 지위, 학력, 재산 등을 초월한 불특정다수의 사람들을 의미한다.

13 I'm between the devil and the deep blue __. (나는 진퇴양난이다; 악마와 깊고 푸른 바다사이)

15 I couldn't be __. (나는 더할 나위 없이 행복하다)

16 I have a spare __ in my trunk. (나는 트렁크에 스페어타이어를 갖고 있다; tire와 동의어)

17 Not possession but use is the __ riches. (유일한 부는 소유가 아니라 이용하는 것이다)

Down

1 __(조스)는 거대한 식인상어와 인간의 목숨을 건 대결을 그린 영화로 스티븐 스필버그를 일약 세계적인 감독으로 만든 작품이다.

2 A drowning man will catch __ a straw. (물에 빠진 사람은 지푸라기라도 잡으려한다; 전치사)

3 What's your __'s resolution? (새해의 결심이 뭔가요?; 두 단어)

4 구약성서에 나오는 인류최초의 남자이자, 이브의 남편이다.

5 국제친선과 사회봉사를 위해 실업가와 지식인으로 조직된 국제적인 단체인 로터리클럽의 회원이다.

8 Everything on my hard drive got __ed. (하드드라이브에 있는 모든 것이 파괴됐다; 지워졌다)

11 His face turned __ pale. (그의 얼굴은 창백하게 변했다; 잿빛의)

14 영장류에 속하는 동물로 꼬리 없는(짧은) 원숭이의 총칭이다.

16 A friend __ all is a friend __ none. (모두에게 친구는 어느 누구에게도 친구가 아니다)

No. 61

P	R	I	V	A	C	Y	
	C			P	O	E	T
F	A	C	T		C	A	R
A		I		D	A	R	E
B	A	R		O		B	E
R		C	A	C	A	O	
I		U			R	O	W
C	O	S	S	A	C	K	

memo.

CROSSWORD | 63

Across

1 I'm a great _ of yours. (저는 당신의 열렬한 팬입니다)

3 A _ never loses in the telling. (이야기는 들려줄 때 결코 줄어들지 않는다; 커지는 법이다)

6 He has a strong body _. (그는 몸에서 냄새가 많이 난다)

8 _ affects me a lot. (저는 겨울을 많이 타요; 많이 영향을 미치는)

10 영화 The _ Hunter는 무고한 미국의 젊은이들이 베트남공산주의자들에 의해 희생되었다는 그릇된 인식을 심어주고 있다.

11 We should save _ for a rainy day. (우리는 궂은 날에 대비하여 저축을 해야만 합니다; 전치사)

13 암양은 ewe, 어린양은 lamb 그리고 숫양은 _이다.

15 자수정은 마음의 평화와 사랑을 상징하는 2월의 탄생석으로, 그리스어 "술에 취하지 않게 하다"라는 의미에서 유래한 말이다.

18 빵을 만들 때 사용하는 효모로, 밀가루에 섞으면 알코올발효를 일으키고 이때 발생하는 이산화탄소가 빵을 부풀어 오르게 한다.

Down

1 __ has 29 days in a leap year. (윤년에는 2월이 29일까지 있다) ↔ common year (평년)

2 That was then, this is __. (그때는 그때고, 지금은 지금이다)

3 I don't get a dial __. (전화신호가 떨어지지 않네요)

4 산소와 영양분을 조직에 전달하는 혈관이지만, 폐동맥은 예외적으로 폐에서 산소를 공급받는다. ↔ 정맥

5 In one __ and out the other. (한귀로 듣고 한귀로 흘려라)

7 This __ start yesterday. (이일은 어제오늘 일이 아니다)

9 최초의 이것은 종이에 묻어있는 목탄의 흔적을 지우는데 사용되었던 부드러운 빵이었다고 한다. (지우개)

12 (라틴어) post meridiem의 약자로, 오후를 의미한다.

14 Have you ever been to __. Sorak? (설악산에 다녀오신 적이 있으세요?)

16 This marks the beginning of a new __ in …. (이것은 … (분야)에서 새 시대의 시작을 나타낸다)

17 You __ the nail on the head. (정곡을 찌르는군요; (비유) 못의 머리를 정통으로 내려치는 모습에서)

No. 62

J	A	N	U	A	R	Y	
A	T	E		D	O		D
W		W	H	A	T		E
S	A	Y		M	A	S	S
	S	E	A		R		T
	H	A	P	P	I	E	R
T	Y	R	E		A		O
O				O	N	L	Y

memo.

CROSSWORD | 64

cross

1 Mark time, __! (제자리 걸어 갓!) cf) 군대용어 (military lingo)

5 That's just the tip of the __berg. (… 빙산의 일각일 뿐이다)

6 The __ is mightier than the sword. (펜은 칼보다 강하다)

8 사회적 의미에서 성을 가리키는 용어로 생물학적 의미에서 성을 뜻하는 섹스와는 구별이 된다.

9 값어치 있는 광물을 함유하고 채산성이 보장되는 암석을 말한다.

11 His writings are __ and satirical. (… 재치있고 풍자적이다)

13 Time and tide wait for __ man. (시간과 조류는(기회는) 사람을 기다려주지 않는다)

15 He is as slippery as an __. (그는 뱀장어처럼 미끈미끈하다; 이리저리 잘도 빠져나간다)

17 전략의 하위 개념으로 단기적이고 부분적인 목표를 실제로 수행하는 방식이자 기술을 의미한다.

own

1 __ worker(이주노동자)란, 자신이 살던 곳을 벗어나 다른 곳으로 이주하여 취업한 노동자를 말한다.

2 테니스나 배구 등의 구기종목에서 서브로 득점하는 것이다.

3 The contract will be __ed annually. (… 매년 갱신될 것이다)

4 Speak of the devil and __ will appear. (호랑이도 제 말하면 온다)

6 Let's __ endangered species on this planet. (지구상에 멸종위기종을 보호합시다)

7 기혼여성의 이름 뒤에 붙여서 미혼시절의 예전 성을 나타낸다.

10 가을밀을 재배하기에 기온이 너무 낮은 지역에서 대체작물로 주로 재배되는 볏과의 곡물이다. (호밀)

12 Don't put new wine __ old bottles. (새 술을 헌 부대에 담지마라; 새 술은 새 부대에 담아라)

14 I told you not to put your __ in. (나는 네게 참견 말라고 말했다; 노를 넣고 휘젓는 모습에서)

16 You'd better lay __ for a while. (당신은 한동안 활동을 멈추고 조용히 있는 것이 좋겠다; 몸을 낮게 숙이는 모습에서…)

No. 63

CROSSWORD | 65

1 I think you get __ fever. (춘곤증을 겪고 계시군요; 봄을 타는 군요)
6 There is __ place like home. (내 집만 한 곳은 없다)
7 인간의 몸으로 구체적인 이미지를 형상화하는 무언극을 말한다.
9 Today is __ Fools' Day. (만우절)
11 When in Rome, do __ the romans do. (로마에서는 로마인들이 행동하듯 행동하라)
13 Wink __ small faults. (작은 실수는 눈감아 주라; 전치사)
14 원주상에서 두점 사이의 부분…
15 After a storm comes a __. (폭풍 뒤에 고요함이 온다)
16 I'm __ting on the fence. (나는 중립이야; 양쪽에 걸쳐앉은)
17 As rust eats iron, __ care eats the heart. (녹이 쇠를 좀먹듯이 근심이 마음을 좀 먹는다)
19 전기를 통해주면 독특한 빛을 내는 비활성의 기체원소이다.
22 go from __s to riches (빈자에서 부자가 되다; 벼락부자가 되다)
23 One __ makes many. (바보하나가 여럿 바보 만든다)

Down

1 How about a midnight __? (야참을 먹는 게 어때요?)

2 When are you going to __ the question? (언제 청혼할래?; 갑자기 이루어지는 청혼의 속성에서)

3 He can __ any sound. (그는 어떤 소리든 흉내 낼 수 있다)

4 __ admirari는 어떠한 일에도 놀라지 않는 태연자약한 상태를 말한다.

5 세계최대의 미국자동차회사, 그러나 영원한 일인자는 없다.

8 He's still wet behind the __s. (그는 아직 귀 뒤에 물도 안 말랐다; 미숙하고 경험이 부족하다)

10 My heart was __. (가슴이 마구 뛰었다; 간이 콩알 만해졌다)

12 Experience keeps a dear __. (경험은 수업료가 비싼 학교다)

14 Amplitude modulation(진폭변조)의 약자이다. ↔ FM(주파수변조)

18 No man is born wise __ learned. (태어날 때부터 현명하거나 학식이 있는 사람은 없다)

20 Self-trust is the first secret __ success. (자신감은 성공의 첫 번째 비결이다)

21 Truth fears __ trial. (진실은 어떠한 시련도 두려워하지 않는다)

No. 64

M	A	R	C	H		H	
I	C	E			P	E	N
G	E	N	D	E	R		E
R		E			O	R	E
A		W	I	T	T	Y	
N	O		N		E	E	L
T	A	C	T	I	C		O
	R		O		T		W

CROSSWORD | 66

Across

1 April showers bring _ flowers. (4월의 소나기는 5월에게 꽃을 가져다준다; 고진감래)

4 He is no _ to us [of ours]. (그는 우리일가가 아니다)

6 He is really in his _. (그는 정말 물 만난 고기야; 능력을 발휘할 수 있는 적소에 있다는 의미에서)

8 That's a tall _ [story]. (그것은 믿기 어려운 이야기로군요)

10 The sun shone _ on her face. (태양은 그녀의 얼굴을 비스듬히 비추었다)

12 _ long! (머지않은 시기에 다시 만나자는 어감을 담고 있다)

13 Are you a man _ a mouse? (남자야 아니면 생쥐야?; 겁쟁이)

14 Don't get _ with me. (내게 잘난척하지 마라; 까불지 마라)

16 _ ideals are _ better selves. (우리의 이상은 우리의 보다 나은 자아이다)

17 Time is _ great healer. (시간은 위대한 치료자이다)

18 I _ed a school this year. (나는 올해 학교에 입학했다)

Down

1 지금까지 알려진 원소의 3/4이 이에 해당되며 얇은 판으로 펼 수도 있고 가는 실로 뽑을 수도 있다.
2 __, woe is me! (아, 슬프다!)
3 I __ed at the top of my lungs. (나는 목청껏 소리를 질렀다; 허파가득 숨을 들이마신 상태에서)
4 Why the __ted brow? (왜 눈살을 찌푸리고 있는거죠?; 실로 뜨듯)
5 __ is easier said than done. (말하기는 쉬우나 행하기는 어렵다)
7 Men are not to be __d by inches. (사람의 가치는 인치로(크기로) 측정될(평가될) 것이 아니다)
9 화상을 비쳐내는 영사막으로 영화 그 자체를 의미하기도 한다.
11 Money does __ grow on trees. (돈은 거저 생기지 않는다)
14 You are a __ above me. (당신은 나보다 한수 위다; 한눈금)
15 Environment Technology(환경기술)의 약자로, 환경오염을 저감하고 예방하는 청정기술이다.
16 Tread __ a worm and it will turn. (지렁이도 밟으면 꿈틀댄다)

No. 65

memo

S	P	R	I	N	G	
N	O		M	I	M	E
A	P	R	I	L		A	S
C		A	T		A	R	C
K		C	A	L	M		H
	S	I	T			S	O
O		N	E	O	N		O
R	A	G		F	O	O	L

CROSSWORD | 67

Across

1 12달 중 May, __, July는 보통 약자를 사용하지 않는다.

3 One swallow does __ make a summer. (한 마리의 제비가 여름을 만들지는 않는다)

6 Would you like to try __? (뭘 좀 드시겠어요?)

7 __ not used soon rusts. (쓰지 않는 쇠는 금세 녹이 슨다)

9 original __(원죄)란 인간자체의 불완전성과 그 불완전성에서 발생하는 죄 된 성품을 의미한다.

10 뉴질랜드의 국가 중의 하나는 "God __ New Zealand"이다.

12 __'s break the mold. (고정관념을 깨자; 정해진 틀을 깨자)

13 Did you make your __? (잠자리를 정리했니?; 자기 전에 또는 자고나서 자리를 펴거나 개는 것)

14 도토리나 호도처럼 껍질이 단단한 열매를 일컫는 말이다. (견과류)

16 Don't make me get the __. (내게 회초리를 들게끔 만들지 마라)

17 He is an __ of a man. (그는 과묵한 사람이다; 굴처럼 입을 다문)

own

1 Leave him to stew in his own __. (그를 혼자 괴로워하게 내버려둬라; 국물을 졸이듯 마음을 졸이게)

2 I feel like a wet __. (나는 완전히 지쳤어요; 젖은 면발처럼)

3 Cut off your __ to spite your face. (누워서 침 뱉기; 화난 얼굴 만들려고 코를 베어낸다)

4 Those clouds look very __. (저 구름들은 매우 불길해 보인다)

5 He __s to speak his mind. (그는 툭 터놓고 말하는 경향이 있다)

8 Be there when people __ you. (사람들이 당신을 필요로 할 때 곁에 있어주세요)

11 feet(피트)의 약자로 사람의 발길이에서 유래하는 길이의 단위이다.

13 바다가 육지 쪽으로 들어온 부분으로 파도에 의한 힘의 분산으로 퇴적작용이 활발하다.

14 I'm neither tall __ short. (나는 키가 크지도 작지도 않다)

15 __ to one he will resign. (십중팔구 그는 사임할 것이다; 10:1의 비율로 일어나는)

16 A man is known by the company __ keeps. (사람은 그가 사귀는 친구로 알 수 있다)

No. 66

M	A	Y			K	I	N
E	L	E	M	E	N	T	
T	A	L	E		I		S
A	S	L	A	N	T		C
L			S	O		O	R
		C	U	T	E		E
	O	U	R		T	H	E
E	N	T	E	R			N

CROSSWORD | 68

Across

1 현재의 태양력을 정리한 줄리어스 시저의 이름을 따서 만든 달이다.

4 I never want to see you __. (나는 네가 슬퍼하는 것은 결코 보고 싶지 않아)

7 osmium의 원소기호로, 금속 중에 비중이 가장 큰 원소이다.

8 Can't you go __ faster? (좀더 빨리 갈수는 없나요?)

9 __ is only skin deep. (미모란 단지 얇은 피부에 지나지 않는다)

11 The shoe is __ the other foot. (입장이 거꾸로 되었다; 신발이 다른 사람의 발에 신겨 있는 모습에서)

13 My mom is good at __. (우리 엄마는 바느질을 잘하신다)

15 초자연적인 존재로서 하느님에게 대적하는 악마를 의미한다.

17 A simple " __ " will do. (그냥 "네" 하면 되는 거야)

18 This is a __ away zone. (이곳은 견인지역입니다)

20 July, Aug, __, Oct, Nov (7월, 8월, 9월, 10월, 11월)

21 From __ learn all. (하나를 보면 열을 안다)

Down

1 He is cut out for the __. (그는 그 일에 적격이다; 잘 맞게 재단된)

2 This is very __-friendly. (이것은 사용자에게 매우 편리하다)

3 Go it while __ are young. (젊었을때 실컷 놀아봐라)

4 Never __ never. (절대로 안 된다고 절대로 말하지 마라)

5 __ egg of __ hour. (한 시간 지난 달걀; 최상의 품질의 것)

6 I'm __ to get married. (나는 결혼하고 싶어 죽겠습니다)

10 We painted the __ red. (우리는 술마시고 흥청대며 놀아재꼈다)

11 백합과의 이년초로 주먹파라…

12 Experience __ better than learning. (경험이 배움보다 낫다)

13 __ by __ one goes a long way. (천리 길도 한 걸음부터)

14 The sun rises in the __. (태양은 동쪽에서 떠오른다)

16 __-__ (아이아이원숭이)는 일명 마다가스카르 손가락원숭이라고…

18 Talking __ the wall. (벽에 대고 얘기하기; 쇠귀에 경 읽기)

19 Time changes and __ with time. (시간은 변하고 우리도 시간과 더불어 변한다)

No. 67

J	U	N	E		N	O	T
U		O		S	O	M	E
I	R	O	N		S	I	N
C		D	E	F	E	N	D
E		L	E	T		O	
	B	E	D		N	U	T
	A			H	O	S	E
O	Y	S	T	E	R		N

CROSSWORD | 69

Across

1 We are in the same __. (우리는 같은 배에 타고 있다; 같은 운명)

3 What's __ing [bothering] you? (너를 괴롭히는 일이 뭐니?)

6 Don't play a double __. (양다리 걸치지 마라; 이중 게임)

7 The __ up, the greater fall. (높이 오를수록 떨어지는 충격도 크다)

9 제우스로부터 영원히 하늘을 떠받치고 있어야 한다는 무서운 벌을 받게 된 티탄신족중의 하나이다.

10 삼성전자의 대화면 TV 브랜드인 파브(PAVV)는 Powerful Audio & __ Vision (강력한 음향과 웅장한 화면)의 약자이다.

13 __ ye in at the strait gate. (좁은 문으로 들어가라; 마태복음)

16 After the war, __. (전쟁이 끝난 뒤 돕는다)

17 A drowning man will catch at a __. (물에 빠진 사람은 지푸라기라도 잡으려 한다)

18 Bitters __ good to the stomach. (입에 쓴 약이 몸에는 좋다; 좋은 약은 입에 쓰다)

Down

1 _ yourself. = Mind your manners. (버릇없이 굴지마라)

2 줄리어스 시저의 조카이자 로마의 초대황제인 시저 아우구스투스의 이름에서 명명한 달이다. (약자)

3 The _ bird catches the worm. (일찍 일어나는 새가 벌레를 잡는다; 부지런해야 성공한다)

4 Who do you think I _? (나를 도대체 뭘로 보는 거냐?)

5 The air was _. (긴장된 분위기였다; 팽팽한, 긴박한)

6 It looks like everyone's here, so let's _ started. (모두들 오신 것 같군요, 그럼 시작해볼까요)

8 I _ to admit it but it's true. (인정하긴 싫지만, 그것은 사실입니다)

11 모음으로 시작되는 단어 앞에 오는 부정관사이다.

12 sea _(불가사리)는 극피동물의 한가지로 몸은 별 모양이고 입은 배에, 항문은 등에 붙어있다.

14 I got a _ deal from my boss. (나는 상사로부터 부당한 대우를 받았다; 살갗이 벗겨져 따끔한)

15 The _s are a million to one. (가능성은 백만분의 일이다; 상대를 이긴 한점에서 승산 또는 가능성)

No. 68

J	U	L	Y		S	A	D
O	S		O		A	N	Y
B	E	A	U	T	Y		I
	R			O		O	N
I		S	E	W	I	N	G
S	A	T	A	N		I	
	Y	E	S		T	O	W
S	E	P	T		O	N	E

CROSSWORD | 70

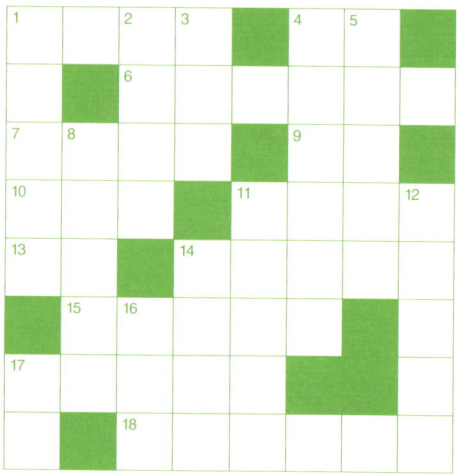

1 라틴어 septem에서 유래했고 본래 일곱 번째 달이었다. (약자)

4 Good or bad __ must all live. (좋든 나쁘든 우리는 살아야만 한다)

6 Throughout the __ he remained faithful. (시련에도 불구하고 그는 여전히 신실했다)

7 We are __ a year apart. (우리는 겨우 한살차이다)

9 Charity begins __ home. (자선은 가정에서(주변에서) 시작된다)

10 Beauty is in the __ of the beholder. (아름다움은 보는 사람의 눈에 있다; 제 눈에 안경이다)

11 He __ down the road like a bullet. (… 질주하여 내려갔다)

13 Steam locomotive(증기기관차)의 약자이다.

14 He sets great __ on …. (그는 …에 대단한 중요성을 둔다)

15 He who shoots __ hits at last. (자주 쏘면 결국엔 맞춘다)

17 He drives at a __'s pace. (그는 정말 느릿느릿 운전한다; 달팽이)

18 __ coat는 감수성의 계절 가을에 가장 어울리는 옷이다.

own

1 I wish I were in your __. (당신 입장이었으면 좋겠어요)

2 He and I are __s apart in personality. (그와 나는 성격에서 극과 극이다; 완전히 다르다)

3 It's easy if you __. (해보면 쉬워요; 그리 어렵지 않아요)

4 A good tongue is a good __. (말 잘하고 징역 가랴; 무기)

5 Don't be such a picky __. (먹는 것에 까다롭게 굴지마라)

8 화학회사 뒤퐁이 세계최초로 개발한 합성섬유의 상품명이기도 하다.

11 고등식물의 줄기나 뿌리의 가장 내부를 차지하는 유관속(물관 + 체관)과 그에 딸린 조직이다. (중심주)

12 After the __, to call the doctor. (죽은 후에 의사를 부른다; 소 잃고 외양간 고친다)

14 __ up a hornet's nest (벌집을 건드리다; 말썽을 일으키다)

16 A __ chicken makes a lean will. (입이 사치해지면 의지가 약해진다; 사치스런 생활에 안주한다)

17 As rust eats iron, __ care eats the heart. (녹이 쇠를 좀먹듯이 근심이 마음을 좀 먹는다)

No. 69

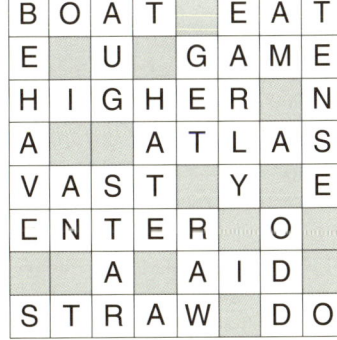

CROSSWORD | 71

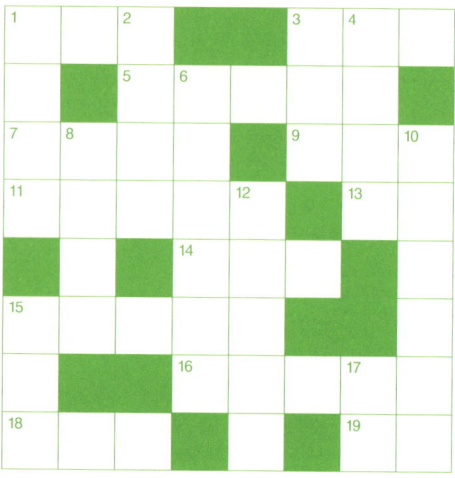

cross

1 라틴어 octo에서 유래했고 본래는 여덟 번째 달이었다. (약자)
3 청동기시대에는 구리와 주석의 합금인 청동이 사용되었다. (sn)
5 고막이 터질 듯한 굉음 속에 속도의 무한경쟁을 벌이는 이들⋯
7 How can I __ thank you? (어떻게 감사를 드려야할지?)
9 __ you are talking. (이제 얘기하는 구냐; 바로 그거라니까)
11 A guilty conscience __ no accuser. (죄지은 양심은 고발인이 필요 없다; 도둑이 제발 저린다)

13 __ news is good news. (무소식이 희소식이다)
14 The __ justifies the means. (목적은 수단을 정당화시킨다)
15 A cornered __ meets the mason's chisel. (모난 돌이 (석공의) 정 맞는다; 지나치게 튀지마라)
16 The air was __. (긴장된 분위기였다; 팽팽한, 긴박한)
18 Learn to walk before __ run. (뛰기 전에 걷기부터 배워라)
19 Shape up __ ship out! (열심히 안하려면 그만두고 나가라)

Down

1 You have a bun in the __. (당신은 임신을 하셨군요; 오븐 안의 빵을 자궁안의 아이에 비유하여)

2 A __ is known by its fruit. (나무는 맺는 열매로 알 수 있다)

3 __ to one it'll rain tomorrow. (십중팔구 내일은 비가 올것이다; 10:1의 비율로 일어나는)

4 __ not used soon rusts. (쓰지 않는 쇠는 금세 녹이 슨다)

6 He is an __ baseball fan. (그는 열렬한 야구팬이다)

8 He __ed his anger on his dog. (그는 개에게 화를 터뜨렸다)

10 상시적일자리(regular job)에 오랫동안 근무해왔음에도 비정규직근로자(irregular __)라는 이름으로 불이익을 받는 계층도 있다.

12 She's always __ing at my suggestions. (그녀는 항상 나의 제안에 코웃음을 치고 있다)

15 The __ is the limit (하늘이 한계다; 가능성은 무한하다)

17 A: I like his music. (나는 그의 음악을 좋아해요)

B: __ do I. (저도 그래요)

No. 70

S	E	P	T		W	E	
H		O	R	D	E	A	L
O	N	L	Y		A	T	
E	Y	E		S	P	E	D
S	L		S	T	O	R	E
	O	F	T	E	N		A
S	N	A	I	L			T
O		T	R	E	N	C	H

CROSSWORD | 72

cross

1 라틴어 novem에서 유래했고 본래는 아홉 번째 달이었다.

6 Do not __ asking for trouble. (사서 고생 하지마라)

7 Every __ has its thorn. (모든 장미는 가시를 가지고 있다; 세상에 완벽한 것이란 없다)

8 I started not too long __. (시작한지 얼마 되지 않았어요)

9 행위, 주의, 특성 등의 뜻을 지닌 추상명사를 만들어주는 접미사이다.

10 Talk of the devil and __ will appear. (호랑이도 제 말하면 온다)

12 loosen [tighten] the __ (뚜껑을 열다 [닫다])

14 __, woe is me! (아, 슬프다!)

16 Stupid is __ stupid does. (바보는 바보짓을 해서 바보다)

17 The land __s toward the south. (땅이 서쪽으로 경사져있다)

19 The murder case is now veiled in __. (그 살인사건은 현재 신비에 싸여있다)

own

1 동서남북을 영어로는 __, south, east and west라고 한다.
2 Be careful with that __. (그 화병을 조심해서 다루어라)
3 Claw __ and I'll claw thee. (나를 할퀸다면 나도 너를 할퀴겠다)
4 Do not put all your __ in one basket. (달걀을 모두 한 바구니에 담지마라; 분산하여 투자하라)
5 Save __ for dessert. (후식 먹을 (뱃속의) 공간은 남겨놔요)
8 After the war, __. (전쟁이 끝난 뒤 돕는다)
11 __ to say, hard to do. (말하기는 쉽고 행하기는 어렵다)
12 The __ straw breaks the camel's back. (마지막 지푸라기가 낙타의 등을 부러뜨린다)
13 작은 섬이라는 의미로 흔히 고유명사의 일부로만 사용된다.
15 상대방의 허점을 공략하고 보안 조치를 무력화시켜 정보를 획득하는 일련의 과정을 가리킨다.
16 Who __ I speaking to? (전화하시는 분은 누구시죠?)
18 Good __ bad we must all live. (좋든 나쁘든 살아야만 한다)

No. 71

O	C	T			T	I	N
V		R	A	C	E	R	
E	V	E	R		N	O	W
N	E	E	D	S		N	O
	N		E	N	D		R
S	T	O	N	E			K
K		T		E	N	S	E
Y	O	U		R		O	R

CROSSWORD | 73

cross

1 라틴어 decem에서 유래했고 본래는 열 번째 달이었다. (약자)

3 The store closes at __ on Saturdays. (… 정오에 문을 닫는다)

6 Money __s all doors. (돈은 모든 문을 연다; 황금만능주의)

8 Food and beverages aren't __ed. (음식음료는 반입이 금지된다)

10 If you can't get a horse, __ a cow. (말을 못 구하면 소라도 타고가라; 꿩 대신 닭이다)

11 __ has clear cut features. (그녀는 뚜렷한 이목구비를 가졌다)

13 A __ is known by its fruit. (나무는 맺는 열매로 알 수 있다)

14 Make a wish when you see a shooting __. (별똥별을 보면…)

16 국민은 무겁다고 생각하고, 정부는 가볍다고 생각하는 것이다.

17 야생동물들을 보호하는 국립공원들로 유명한 아프리카의 나라이다.

19 It's a storm __ a teacup. (그것은 찻잔 속에 폭풍일 뿐이다)

20 어떠한 목적이나 의의를 가지고 옷을 벗는 경우를 이르는 말이다.

own

1 __ John [Jane] letter는 남자 [여자]에게 보내는 절교편지이다.

2 A __ head and a warm heart. (냉철한 지성과 따뜻한 감성)

3 A __ broom sweeps clean. (신임자는 묵은 폐단을 일소한다)

4 No one spits __ money. (누구도 돈에는 침 뱉지 않는다; 돈 싫다고 하는 사람은 없더라)

5 __ your own price. (원하는 가격을 말씀해주세요; 지정하다)

7 poem이 한편의 시 즉 작품 하나를 의미한다면 __는 문학작품으로서의 시 전체를 의미한다.

9 __ and repeat after the tape. (테이프를 듣고 따라 해라)

11 __ [put] the saddle on the right horse. (타고 갈 말에 안장을 놓아라; 괜히 생사람 잡지마라)

12 I __ a little bird sing so. (누군가 그렇게 말하는 것을 들었다; 여기서 작은 새는 익명의 누군가)

14 경사진 눈 위를 달리는 스포츠로 노르딕과 알파인으로 나누어진다.

15 __ egg of __ hour. (한 시간 지난 달걀; 최상의 품질의 것)

18 __ eye for __ eye, a tooth for a tooth. (눈에는 눈, 이에는 이)

No. 72

N	O	V	E	M	B	E	R
O		A		E		G	O
R	O	S	E		A	G	O
T		E			I	S	M
H	E		L	I	D		
	A	I	A	S		S	
A	S		S	L	O	P	E
M	Y	S	T	E	R	Y	

CROSSWORD | 74

ross

1 Union of Soviet Socialist Republics(소비에트사회주의공화국연방)의 약자이다. (구소련)

2 지구표면의 4분의 3을 덮고 있는, 생명탄생의 보금자리이다.

5 Shape _ or ship out! (열심히 안하려면 그만두고 나가라)

6 세계에서 수심이 가장 깊은 담수호로 풍요로운 호수라는 의미이다.

9 roll out the _ carpet for … (… 위해 성대하게 환영하다)

10 It never _ but it pours. (비가 오면 퍼 붓는다; 화불단행)

12 You _ too high. (너무 높이 겨냥한다; 꿈도 야무지다)

14 _ seemed as if years had passed. (마치 여러 해가 지나 버린 것만 같아요)

15 All is fair in love and _. (사랑과 전쟁에선 모든것이 정당하다)

16 Possession is _ points of the law. (현실적 점유는 9할의 승산을 갖는다; 가진 사람이 임자다)

18 He was a flash in the _. (그는 반짝하고 사라졌다; 총의 약실에 비친 섬광이란 의미에서)

Down

2 러시아우랄산맥에서 태평양연안에 이르는 북아시아지역으로 면적은 아시아대륙의 1/4을 넘는다.

3 벨기에 동부에 있는 유명한 온천 휴양도시 이름에서 유래했다.

4 He got the __ at work yesterday. (그는 어제 직장에서 해고됐다; 도끼를 맞은 모습에서)

5 동유럽과 러시아의 경계에 위치한 나라로 천혜의 자연과 자원을 지니고 있으며 러시아어로 경계의 땅이라는 의미를 지니고 있다.

7 Anno Domini의 약자로, 그리스도 기원 즉 서력을 의미한다.

8 볼셰비키당(소련공산당)의 창설자로 러시아 10월 혁명을 주도하여 세계최초의 사회주의국가(소비에트연방)를 세운 사람이다.

11 __ by __ one goes a long way. (천리 길도 한 걸음부터)

12 He is in __ of his father. (그는 자신의 아버지를 경외한다)

13 __. Kim is a Heavy drinker. (김 선생님은 술고래다)

17 A stitch __ time saves nine. (제때에 바늘 한 땀이 아홉 땀을 던다; 호미로 막을데 가래로 막는다)

No. 73

D	E	C		N	O	O	N
E		O	P	E	N		A
A	L	L	O	W			M
R	I	D	E		S	H	E
	S		T	R	E	E	
S	T	A	R			T	A	X
K	E	N	Y	A		R	
I	N			N	U	D	E

CROSSWORD | 75

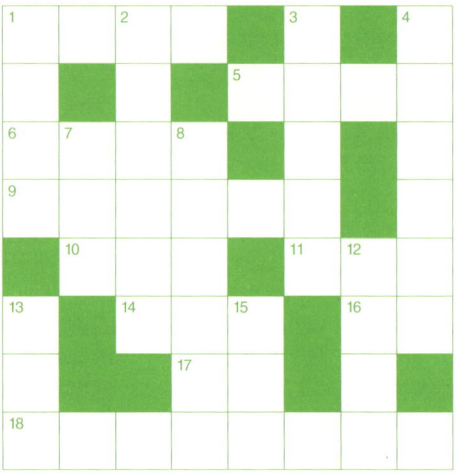

Across

1 I enjoy getting away from the __. (저는 도시에서 떠나는(도시를 벗어나는) 것을 좋아해요)

5 uncle의 상대어로 흔히 이모, 고모, 숙모 등을 말한다.

6 모래와 점토가 거의 같은 양으로 혼합된 토양을 말한다. (양토)

9 do [cause] __ to … (…에게 손해를 입히다; …을 파괴하다)

10 He threw a __ herring. (그녀석이 산통을 다 깨놓았어요; 사냥개를 단련시키기 위해 훈제청어를 놓아 개를 미혹시킨 데서 유래한다)

11 All is fish that comes to the __. (그물에 걸리는 것은 모두 물고기다; 무엇이든 이용한다)

14 Scholastic Aptitude Test(학습능력적성시험)의 약자이다.

16 Do to others __ you would be done by. (남에게 대접받고 싶은 대로 남을 대접하라)

17 Claw __ and I'll claw thee. (나를 할퀸다면 나도 너를 할퀴겠다; 오는 방망이 가는 홍두깨)

18 In unity there is __. (단결이 힘이다; 뭉쳐야 산다)

own

1 A scalded cat fears __ water. (뜨거운 물에 데어 본 고양이는 냉수만 봐도 두려워한다)

2 런던을 거쳐 북해로 흐르는 하천으로 우리나라의 한강과 같이 런던의 생명선과 같은 강이다.

3 Freddie Mercury, Brian May, Roger Taylor 그리고 John Deacon으로 이루어졌던 영국의 전설적인 록 밴드였다.

4 Everyone __ as a beginner. (모든 사람들은 초보로 시작한다)

7 I told you not to put your __ in. (나는 네게 참견 말라고 말했다; 노를 넣고 휘젓는 모습에서)

8 __ Butterfly(나비부인)은 푸치니의 3대 오페라 중 유일하게 동양을 배경으로 한 작품이다.

12 동서남북을 영어로는 north, south, __ and west라고 한다.

13 What kind of __ mileage do you get [does it get]? (자동차의 연비가 얼마나 되나요?)

15 __ to one He'll be late again. (십중팔구 그는 또 늦을 거다; 10:1의 비율로 일어나는)

No. 74

U	S	S	R		S	E	A
	I			U	P		X
	B	A	I	K	A	L	
R	E	D		R		E	
	R		R	A	I	N	S
A	I	M		I		I	T
W	A	R		N	I	N	E
E			P	A	N		P

CROSSWORD | 76

cross

1 미국과 캐나다의 국경지역에 위치하고 있는 거대한 폭포이다.

7 A __ is a person who tames and trains wild animals. (야생동물들을 길들이고 훈련시키는 사람)

8 목재나 섬유식물 등을 기계, 화학적 방법으로 처리하여 섬유소를 뽑아내는 것을 의미한다.

10 Danger past, __ forgotten. (위험이 지나가면 하느님도 잊는다)

11 public address의 약자로, 청중들에게 들려주는 모든 오디오 시스템을 총칭하여 이르는 말이다.

12 That makes __ even. (그로서 우리는 비겼다; 피장파장이다)

14 Seattle __(시애틀슬루)는 한번도 지지 않고 미국의 트리플크라운을 달성한 최초의 경주마이다.

16 캐나다의 수도이자, 정치, 경제, 문화의 중심지이고, 물과 녹색의 도시로도 잘 알려져 있다.

17 We welcome you with open __. (우리는 당신을 두 팔 벌려(진심으로) 환영합니다)

18 I have three __ed teeth. (나는 충치가 세 개있다)

own

1 Let's __ this thing in the bud. (이런 일은 미연에 방지하자; 봉오리 때 따버리는 모습에서)

2 The canal connects the __ with the Pacific. (그 운하는 대서양과 태평양을 연결한다)

3 We have a generation __. (우리는 세대 차이를 가지고 있다)

4 __ I talking to myself? (내가 하는 말을 알아들은 거니?; 내가 혼잣말을 하고 있는 건가?)

5 I come here a lot. = I'm a __ here. (나는 여기 단골이야)

6 The accident __ from mere carelessness. (그 사고는 단순한 부주의에서 일어났다)

9 roll __ one's sleeves (소매를 걷어붙이다; 일을 하기위해)

13 Are these __ separately? (낱개로 살 수 있습니까?)

14 The lilac branches are __ing in the wind. (라일락가지들이 바람에 흔들리고 있다)

15 A fool may talk, but a __ man speaks. (바보는 지껄이지만 현자는 이야기한다)

No. 75

C	I	T	Y		Q		S
O		H		A	U	N	T
L	O	A	M		E		A
D	A	M	A	G	E		R
	R	E	D		N	E	T
G		S	A	T		A	S
A			M	E		S	
S	T	R	E	N	G	T	H

CROSSWORD 77

cross

1 A man without a wife is a __ without a roof. (아내 없는 남자는 지붕 없는 집과 같다)

5 We're getting __ calls from customers. (우리는 고객들로부터 성난 전화를 받고 있다)

8 격리된 곳에서 나가기 (탈출; 출구) ↔ ingress (진입, 입구)

9 라인강가에 위치하고 통일이전 서독의 수도였던 곳으로 베토벤의 고향인 도시로도 유명하다.

10 화합물속에 성분으로 들어가 있는 나트륨을 가리키는 말이다.

12 스위스에서 시작하여 유럽에서 가장 공업이 발달한 지역들을 흘러가는 국제하천으로 독일인들에게는 아버지의 강이라고도 불려진다.

15 찬성이란 뜻으로, 나 즉 "I"라고 말한 것이 차츰 변하여 aye 또는 __ 라고 표기된 것이라 한다.

16 __ Engineering (유전공학)

18 주로 석탄, 곡물, 고철 등과 같은 벌크화물에 대한 무게측정으로 흘수검정에 따라 검량된다.

own

1 독일 최대의 항구도시로 햄버거는 이곳의 지명에서 유래한다.

2 It's a _ of the times. (그것이 이 시대의 모습이에요; 기호, 표시)

3 To _ is human, to forgive is divine. (잘못은 인성이고, 용서는 신성이다)

4 Virtue is _ own reward. (미덕은 그 자체가 보답이다)

6 "공기, 공중, 항공"이란 뜻을 가진 결합사이다.

7 Is it _ or multiple choice? (논술형인가요, 사지선다형인가요?)

8 한 가지 목적을 위해 작용하는 일련의 프로그램들에 대해 중심적인 기능을 하는 프로그램이다.

10 곤충의 체표에 있는 미세한 털 모양의 단세포돌기를 말한다.

11 잉어 과의 물고기로 일생을 바다에서 보내고 알을 낳기 위해 강으로 돌아오는 회유 성 어류이다. (황어)

13 take up [let down] the _ (옷단을 올리다 [옷단을 내리다])

14 We _ about $50,000 a year. (우리는 1년에 약 5만 달러의 순수입을 벌고 있습니다)

17 immunoglobulin(면역글로불린) 의 약자이다.

No. 76

N	I	A	G	A	R	A
I		T	A	M	E	R
P	U	L	P		G	O	D
	P	A			U	S	
S		N		S	L	E	W
O	T	T	A	W	A		I
L		I		A	R	M	S
D	E	C	A	Y			E

CROSSWORD | 78

Across

1 파리의 젖줄과도 같은 강으로, 파리를 동서로 가로질러 흐른다.

6 I'm (__) high __ a kite. (너무 기분이 좋아요; 높이 떠있는 연처럼)

8 He __d himself from all society. (그는 사회와 모든 교제를 끊었다; 혼자서 지냈다)

10 What __ I said no? (안된다고 말하면 어떻게 할 건데요?)

11 Missile Defense(미국의 미사일 방어망)의 약자이다.

13 프랑스의 대통령이었던 그는 민족반역자를 처단하며 "프랑스가 다시 외세의 지배를 받을지라도 다시는 민족반역자가 나오는 일은 없을 것이다"라는 명언을 남긴다.

15 Illinois(일리노이)주의 약자이다.

16 Jazz is not my cup of __. (재즈는 나의취향이 아니다)

17 Give him __ inch, and he will take __ ell. (한 치를 주니, 한자를 달랜다; 염치없는 사람이다)

18 How long does it __ on? (얼마동안 계속되요? 증상, 현상)

19 기계 등에 있어 회전체의 중심축을 형성하는 기계요소이다.

own

2 프랑스의 토목기사로 그의 이름을 딴 파리의 철탑을 만든 후에 철의 마술사라는 별명을 얻는다.

3 Jack of all trades __ master of none. (많은 것을 잘하면 특별히 잘하는 것이 없다)

4 __ man is too old to learn. (배우기에 너무 늦은 나이는 없다)

5 한자로는 유(楡)라고 뿌리껍질은 유근피라 하여 중요한 한방약재로 사용되고 있다. (느릅나무)

6 That's one way to look __ it. (그렇게 생각해 볼 수도 있겠네요; 그것도 한가지 방식으로 보이네요)

7 군대에선 하사관을 말하고 영국경찰에선 경감(inspector)과 경관(constable)의 중간 계급을 말한다.

9 Let's discuss this like __s. (이 문제를 어른답게 논의해 봅시다)

12 프랑스의 수도로 수많은 예술가들의 자취가 곳곳에 남아있는 문화와 예술의 도시이기도 하다.

13 Morning bells are ringing. __, dang, dong. (아침 종이 울리고 있어요. 딩, 댕, 동.)

14 turn over a new __ (심기일전 하다; 인생의 새장을 넘기다)

No. 77

H	O	U	S	E		I	
A			I	R	A	T	E
M		E	G	R	E	S	S
B	O	N	N		R		S
U		G		S	O	D	A
R	H	I	N	E		A	Y
G	E	N	E	T	I	C	
	M	E	T	A	G	E	

CROSSWORD | 79

cross

1 He's a __-pecked husband. (그는 공처가이다; 암탉에 쪼이는)
3 He is such a pain in the __. (그는 정말 골치 덩어리다)
5 여름철에 털이 갈색이 된 때의 흰 담비족제비를 말한다.
7 He __ out the grape seeds. (그는 포도 씨를 내뱉었다)
10 Haven't __ met before? (우리 전에 만난 적 없나요?)
11 Where did you get that __? (어디서 그렇게 피부를 태우셨어요?)
12 Put your napkin on your __. (무릎위에 냅킨을 올려놔라)
14 Think of the __ before you begin. (시작 전에 끝을 생각하라)
16 Better __ back than __ wrong. (틀린 길을 가느니 돌아가는 편이 낫다)
17 Street의 약자는 St, Avenue의 약자는 Av, Road의 약자는?
18 회감색 바탕에 오렌지색 반점이 있는 넙치류의 일종이다.
20 One cannot __ the wood for the trees. (나무들 때문에(나무만 보고) 숲을 보지 못한다)

own

1 애완동물로 사랑받는 설치류로 작고 동그란 몸집에 다리가 짧고 배를 바닥에 붙이고 걸어 다닌다.
2 Painted flowers have __ scent. (그림의 꽃은 향기가 없다)
3 He has __s in his pants. (그는 안절부절못하고 있다; 개미)
4 흰꼬리수리는 천연기념물 제243호로 지정되어 보호받고 있다.
5 미국에서 도로표지판은 남북은 Av 동서는 __로 표시한다.
6 I'm more of a night __. (나는 올빼미체질이다; 밤에 잠이 없다) ↔ I'm an early bird.

8 중국을 대표하는 상징적인 동물로, 1990년 베이징 아시안 게임의 공식마스코트이기도 했다.
9 It rains cats __ dogs. (비가 억수같이 퍼붓다)
13 He and I are __s apart in personality. (그와 나는 성격에서 극과 극이다; 완전히 다르다)
15 No man is born wise __ learned. (태어날 때부터 현명하거나 학식이 있는 사람은 없다)
19 No man __ a hero to his valet. (영웅도 가까이서 보는 사람에게는 평범한 사람일 뿐이다)

No. 78

S	E	I	N	E		A	S
	I	S	O	L	A	T	E
I	F			M	D		R
	F		P		U		G
D	E	G	A	U	L	L	E
I	L		R		T	E	A
N			I			A	N
G	O		S	H	A	F	T

CROSSWORD | 80

cross

1 We do have a lot in __. (우리는 정말 공통점이 많아요)
7 We should __ our parents. (우리는 부모님께 순종해야만 한다)
8 __ habits die hard. (오래된 습관은 고치기 힘들다)
10 공로를 세운 사람에게 수여하는…
12 BC(기원전)의 상대어이다.
13 Bachelor of Science(이공계학사)의 약자이다.
14 My hands are __ with cold. (내 손은 추위로 곱았다; 마비된)
16 Account Executive(광고기획자)의 약자이다.
17 If you're __, get __. (화가 났으면, 화를 내라; 담아두지 마라)
19 __ Fleming은 007의 원작자다.
20 __ eye for __ eye, a tooth for a tooth. (눈에는 눈, 이에는 이)
21 I heard a little __ sing so. (누군가 그렇게 말하는 것을 들었다)
22 data processing (자료처리)
23 Bachelor of Arts(문과계열학사)의 약자이다.
24 세계인구의 반 이상이 살고 있는 대륙으로 육대주의 하나이다.

own

1 He is a __ veteran of Vietnam. (그는 베트남전 참전용사이다)
2 One in Five adults is __. (성인 다섯 명중 한명이 비만이다)
3 medicine(내과)의 약자이다. cf) GS(일반외과), OS(정형외과)
4 신비한 불탑의 나라로, 우리에겐 버마로 더 잘 알려져 있다.
5 A willing burden is __ burden. (자진해서 지는 짐은 짐이 아니다)
6 __ing insult to injury. (엎친 데 덮친다; 상해에 모욕까지 가한다)
9 laboratory (실험실, 실습실)
11 아프리카 남서부에 위치한 앙골라의 수도이자, 항구도시이다.
15 Missile Defense(미국의 미사일 방어망)의 약자이다.
18 미국신문발행인협회의 약자이다.
19 I, __, III, IV, V, VI, VII (1, 2, 3, 4, 5, 6, 7 - 로마숫자)
20 acceptable daily intake (일일섭취허용량)의 약자이다.
21 batting average(타율)의 약자이다. cf) runs batted in (타점)

No. 79

H	E	N		A	S	S	
A		O		N		E	
M		S	T	O	A	T	
S	P	A	T		W	E	
T	A	N			L	A	P
E	N	D		O		G	O
R	D		B	R	I	L	L
	A				S	E	E

memo

2006년 8월 15일 초판 발행

엮은이 조성환
펴낸이 윤여득
펴낸곳 조은문화사
주소 서울특별시 성북구 보문동 4가 90-4호
등록 1980년 7월 12일·등록번호 제6-27호
전화 02-924-1140, 1145
팩스 02-924-1147
홈페이지 http://choun.co.kr
이메일 choun@choun.co.kr

책값은 표지의 뒷면에 있습니다.

ISBN 89-7149-353-4 30740